崖っぷちだった
アメリカ
Nintendo of America Inc.
任天堂を
DISRUPTING THE GAME:
From the Bronx to the Top of Nintendo
復活
させた男

レジー・フィサメィ
REGGIE FILS-AIMÉ
大田黒奉之［訳］

東洋経済新報社

Published by arrangement with HarperCollins Leadership,
a division of HarperCollins Focus, LLC,
through Tuttle-Mori Agency, Inc., Tokyo

この本を両親と兄、子どもたち、妻のステイシーに捧げたい。両親と兄は、子どもだった私に、人生で必要なあらゆるものを与えてくれた。その最たるものが愛だ。子どもたちは、ここまで私を導いてくれた。私が導いてきたつもりが、実は私も子どもたちに導かれていた。そして妻のステイシー、彼女は私にとってこれ以上ないパートナーだ。共に歩んできた人生を通じて、彼女は私を精一杯励ましてくれた。本書が完成したのも彼女の励ましのおかげだ。

はじめに

　幸運を「準備と機会が出会うこと」と定義したのは、ローマ帝国時代の哲学者セネカだ。これを私なりに言い換えさせてもらうなら、私は「能力と機会」が出会う人生を送ることができて幸運だった。

　だが私は単に運がよかったのではない。

　私はハイチ移民の子として生まれ、当初はブロンクスの共同住宅で暮らした。勉強が得意だったおかげで、奨学金でコーネル大学に通うことができた。キャリアの初めから素晴らしい仕事や上司に出会えて幸運だったが、とうてい素晴らしいとは言えないことにも出会った。そんな私がＮＯＡ（Nintendo of America）の社長になり職務を全うできたのは、運の力に頼ったからではなく、出会った機会を常に最大限に活用したからだ。

　私は新しい体験にどっぷり浸かり、尽きせぬ好奇心を持ちながら、絶えず何かしら学ぼうとした。何かにつけ質問し、あらゆることを知りたがった。それは興味のある狭い分野に限ったことではない。求めたのは知識のための知識ではなく、リーダー、そして破壊者として活用できる知識だ。知識があったからこそ、当初は解決が不可能だと思われた問題に対しても、画期的な解決策を思いつくことができた。

機会の扉が開かれ、他の人には直に見えない可能性が私には見えた。そこから思わぬ形で、型破りな道を幾度となく選ぶことになった。

こうして人生とキャリアを突き進みながら、私は自分の考えを整理して、自分にとっての核となる教訓へとまとめ、問題に取り組んだり重要な決断を下したりする際の土台とした。自分の経験と他の人たちから学んで得たこの教訓によって、前に進むための近道を見つけることができた。これらの教訓を応用することで私も会社も、時が経つと無効になってしまうような、その場限りの決定を下すことはなかった。

これから話す私の人生と、その途中で得た教訓を、あなたの力の足しにしていただければと思う。そして自ら作ったチャンスや目の前に飛び込んできたチャンスを、是非ものにしてほしい。

これらの教訓を「要するにそれってどういう意味で、なぜ大事なのか」、略して「要するに」と名付けてコラムにまとめた。この物語に散りばめられた教訓をしっかりと理解して、あなたの人生の旅において、実用的なアドバイスにしてくれることを願ってやまない。

目次

第2章 「胸躍る仕事」と出会う方法

第3章 ピンチかチャンスか？
——任天堂からの電話

第4章

任天堂を再生させるための大勝負「E3」

第5章 改革と決断に必要なのは「自分を信じる勇気」

第6章 大きな方向転換――戦略を「スイッチ」する

序章　岩田聡氏との別れ

これまでで最も辛い旅だった。半年間で3度目の旅だったからではない。台風の接近によって、旅の間ずっと飛行機が激しく揺れていたからでもない。

最も辛い旅になった理由は、私の上司でありメンターであり、友人であった任天堂のグローバル・プレジデント、岩《いわ》田《た》聡《さとる》氏の葬儀のために京都に行くことになったからだ。実際、飛行機に乗っていて最も辛かったのは、亡くなった友人に会いに行くのだとわかっていたことだ。

こうした悲しい旅に心の準備などまったくできていない。せいぜい葬儀の慣習を学んでおくくらいだ。遺骨の見えるところに行き、香をつまんで額に掲げるやり方とか。しかも私は周囲から好奇の目で見られることだろう。他に肌の黒いアメリカ人がいるとは思えないし、ＮＯＡの社長として、私は常に注目を集めていた。

「私のガンが再発したんだよ」

最後に岩田氏に会ったのは、わずか数カ月前の２０１５年3月だった。彼から日本に戻ってきてくれというメールが届いた。ちょうど私の誕生日間近の頃だ。どうも何かおかしい。私は１月に日本に行ったばかりだ。例年通りなら１週間の滞在を年２回行い、その間に会社の経営陣とビジネス戦略と次の製品について話し合う。すぐに呼び戻されるのは、まったく異例のことだった。

この3月の予期せぬ旅について、私は岩田氏にもう少し詳しい理由を聞いたが、彼の返事は曖昧だった。彼が私に訪ねてきてほしいと言った日は、妻のステイシーと祝う私の誕生日とぶつかってしまうのだが、それを言ったところで聞く耳を持たないだろう。３日間だけ特別に京都に来てほしいと言って聞かなかった。

午前8時半に来てほしいというのも変だ。彼はいつも9時に仕事を始めるのだが、それより前に会うとなると、任天堂株式会社の本社に入るのは少し難しい。ガラスとコンクリートの外面に覆われ、大理石の入り口がある本社ビルは、冷ややかで無機質に感じられる。

特に私が到着した早い時間はそうだ。日本の会社はどこもそうだが、任天堂もほとんどの社員に対して厳密な勤務時間を課している。仕事の始まりを告げるチャイムが鳴り、ランチ休憩の始まりと終わりを告げる際も鳴る。だが仕事の終わりを告げるチャイムは聞いた記憶がない。スタッフに帰宅するよう促す必要はないと、会社は考えているのかもしれない。

幸い、岩田氏のアシスタントが早めにオフィスに到着して私を待っていて、扉を開け、エレベーターに案内してくれた。７階の重役エリアに行くには、専用のエレベーターしか使えず、早朝の時間はカードキーが必要だった。

私は小さな会議室に案内された。小さいといっても滞在中に私が使用するオフィスの２倍の広さはあるだろう。私はコートを脱いでＷｉ－Ｆｉシステムにログインした。任天堂はセキュリティが厳重だから、重役の私でも、訪れるたびにログインとパスワードの紙をもらう。私はいつも早めに着いたら、最初のミーティングを始める前に、ちゃんとＷｉ－Ｆｉに接続しているかを確認することにしている。

８時半ぴったりに岩田氏のアシスタントが来て、彼の部屋に通された。このとき岩田氏は社長の在任期間が10年を優に超えていたが、先代の３人が使っていた正式な大きな社長室に移ることはなかった。彼が好んだのは、12人を収容できるくらいの長方形の会議室の上座に机が置かれた、もっとシンプルな部屋だ。他にもプレゼンテーションや開発中のビデオゲームを見たりするために、２台の大きなテレビスクリーンが置かれ、キャビネットは本やビデオゲーム、ゲームのアクセサリーやコントローラーであふれている。会社の社長室というよりは、ゲームクリエイターの部屋と言ったほうがいい。

いつもの挨拶を済ませて、岩田氏から座るように言われて、私は彼の顔をじっと見つめた。それから彼はなぜ今回の出張にこだわったのかを話した。「レジー」と彼は切り出した。

「私のガンが再発したんだよ」

私はショックだった。確かに岩田氏は前回の手術と病気との闘いで体重が落ちていたものの、変わらず精力的だった。ほんの数日前、彼は任天堂がモバイルゲーム市場に参入するための大々的な投資を発表したばかりだ。ここまでの状況からいっても、彼がガンに打ち勝ったことが窺えた。そういうことだったのか。直接話すために私を京都に特別に呼び戻したのだと知り、不安を募らせた私は、彼の話す一言ひとことに集中して耳を傾けた。

私たちは彼の病状や今後の治療についてしばらく語り合った。岩田氏はこれから試そうという先端医療について詳しく話してくれた。ハイテク治療の他にも、奥さんが食事の足しにと特製のジュースとプロテインの飲み物を、朝と昼に作ってくれるそうだ。治療の助けになるのなら、どんな小さなことでも選択肢に加えたいようだった。

しばらくして会話のトーンは変わり、岩田氏がこう言った。「レジー、病気のことは、私が君に京都に来てほしかった理由の1つにすぎない。今の話もそうだが、他にも話し合いたいことがある。我が社の新システムの発売が迫っているから、これについて、話し合いたい。君に初期バージョンのゲームと、手元の試作品を試してもらって感想を聞きたい。プランニングに取り組まないと。なんせ任天堂の将来を左右するゲーム機だからね」

このように話題を変えるのは、岩田氏にとってはいつものことだ。彼は自分のことよりもビジネスを優先する。きっと彼の中では、自分の個人的な状況を話したのだから、今度はビジネスについて話し合う時間だと割り切れているのだろう。

せっかく私が日本に来たのだからと、私たちは一連のミーティングを開いて、後にNintendo Switch（ニンテンドースイッチ）として知られる、ゲーム機の詳細について話し合った。これらのミーティングはすべてビジネス関連だが、岩田氏と2人でランチを取ったり、夜遅くにミーティングが終わってホテルに戻ったりする際は、友人である彼の病気のことが私の脳裏をよぎるのだった。

互いへの深い友情と尊敬の念

岩田氏と私との友情は深く、その根底にあるのは互いへの尊敬の念だった。私たちはそれぞれが会社で発揮した手腕を称え合った。岩田氏は優れたゲームデベロッパーで、プログラマーだ。「ポケットモンスター」、「星のカービィ」、「大乱闘スマッシュブラザーズ」など任天堂史上最高のシリーズの多くを、１人の力でもたらした。

対する私はマーケティング担当者でビジネスの破壊者であり、消費者の視点とビジネスの知識を統合して新たな構想を作るのが仕事だ。私たちは互いを信頼すると同時に、率直に意見を言い合った。

私がアメリカで手掛けた任天堂ゲーム機Ｗｉｉ（ウィー）の発売ＣＭがいい例だ。２００６年の秋、私がＮＯＡのセールスとマーケティングのＥＶＰ（エグゼクティブ・バイス・プレジデント）から、ＣＯＯ（最高執行責任者）へと昇進したときのことだ。そのとき作った広告は、２人の日本人ビジネスマンがアメリカを旅して、この最新の任天堂のイノベーションを自慢げに披露するという内容で、その主役はコントローラー、魔法のＷｉｉリモコンだ。

岩田氏は京都でチームと一緒にＷｉｉリモコンの開発を指揮した。特に画期的なのは動作感知のテクノロジーで、リモコンを振ってゲームができる。ベースボールゲームではバットを、テニスではラケットを振るようにリモコンを振ってプレイできる。

Ｗｉｉリモコンを使って幅広いゲーム体験ができることを伝えたおかげで、ＣＭのインパクトは絶大だった。しかも日本人ビジネスマンが出会った家族と交流するという、愉快で共感できる内容に仕立てた。ビジネスマンが家族と一緒に様々なＷｉｉのビデオゲームを楽しみ、愉快な動きや癖を披露するなど、打ち解けた仲間意識に包まれる。どのゲームのＣＭも、今や有名なこの文句から始まる。

「Wii would like to play（Ｗｉｉがあなたとの対戦を待っている）」

私は広告代理店レオ・バーネット・ワールドワイドと共同で手掛けたこのＣＭを支持し、出来上がったものを事前に岩田氏にも見せていた。ところがＣＭを公開する１週間前になって、岩田氏は自宅にいる私に電話をかけてきた。「レジー、私は京都でみんなにＣＭを見てもらっているが、心配なことがある」。日本の任天堂の経営陣は、ＣＭに出ている日本人ビジネスマンの、西洋の家族との接し方が馴れ馴れしくて、くだけすぎていると感じていたらしい。「レジー、ＣＭを変えてほしい」

任天堂本社のチームが指摘した問題点は、ＣＭの成功要素を真っ向から否定するものだった。ＣＭを変えることは、これまでの仕事を否定することになる。これまで私がＣＭに携わってきた経験からいっても、この指摘は間違っている。このＣＭはこれまでの殻を突き破り、インパクト絶大だ。この問題についてあれこれ話し合う中で、「過剰な馴れ馴れしさ」がアメリカ、カナダ、ラテンアメリカでは気にされないと考える理由を私は説明した。

話し合いが煮詰まる中、私は言った。

「ミスター・イワタ、あなたが私を任天堂に呼んだのは、任天堂の世界最大の販売地域に強力なマーケティング担当者が必要だったからですよね。あなたは私の業績をご覧になってきたし、私を昇進させてくれました。どういう結果が出るのか自信がありますから、お任せください。このＣＭはアメリカで成功します」

しばらく間が空き、それが永遠に続くかのように重く感じられたときに、岩田氏は口を開いた。「わかった、レジー。君を信じるよ。前に進めてくれ」。

結果的に、ＣＭは私の支社が実践した他のマーケティング戦略と併せて成功した。私たちは世界の任天堂支社の中で、最もＷｉｉを成功させることになる。

要するに
01

まずは自分に正直になること

自分の信念を貫くことと、頑固な態度を通すことは紙一重の違いだ。自分は本当に一連の行動を正しいと信じているのか、それとも意固地になっているのかを見つめ直さなければならない。困難な判断や複雑な決断を下す際は、自分のモチベーションを知ることが特に難しくなる。

まずは自分に正直になること。議論において自分の正しさを証明したいとか、勝ちたいという欲求と、自分の確固たる信念とを分けて考える。本当にそれが正解だと思ってやろうとしているのか。他の誰かが同じことを提案しても、ちゃんとこれを支持するだろうかと、自問してみるといい。

今の問いにどう答えていいのかわからなければ、じっくり心を開いて相手が言う別の観点に耳を傾けてみる。気になった点ははっきりと質問する。相手の言葉を繰り返して、自分がちゃんと話を聞いているのだとわかってもらう。自分が問題点を理解していること、相手の考え方にも一理あることを示してあげる。

自分の信念を貫こうと決めたのなら、できる限り説得力のある材料を集めて、自分の観点を述べる。ポイントを理解してもらうために、データや他の産業から得たサンプル、自分の経験を駆使する。話を止めて相手に質問の余地を与える。論破してやろうという態度を取ってはいけない。

共通の立脚点を探す。折り合えるところが見出せればそれを伝えて、残りの際立った問題点に集中する。時にそれは取るに足らない問題であることがわかり、合意の上で次の段階に進んでいけることもある。そして時には断固たる姿勢を取ることもお忘れなく。

岩田氏とのかけひき

岩田氏と私はビジネスについて深く語り合い、時に意見が折り合わないこともあった。だが話し合いを進めながら、私たちは必ず解決策を出し、それが会社にとって素晴らしい結果となっていた。

私が自分の考えを押し通したと言ったほうがいいのかもしれない。ただし粘り強く、かつ相手の気持ちを汲みながらこれを行った。私はビジネスを〝柔術〟みたいなものだと考えている。アイディアを押したり引いたりしながら、周囲の支持を集めていくうちに、自然と弾みが付いてさらに前に進む。

　岩田氏が最初にガンの診断を受けて、最初の手術を行ったのは２０１４年夏のことだ。彼がまだ入院中に、私は世界戦略会議に出席するため日本に行くことになった。せっかく出張で行くのだから、岩田氏に見舞いに伺っていいですかと尋ねてみた。メールでやり取りする際、彼は「結構です。日本ではそういうことはしない。ビジネスパートナーは互いに病院を見舞うことはないから」と返事をしてきた。だが私は行くと言って聞かなかった。夏が終わってからはしばらく日本に戻る予定がないので、会いに行きたいと説明した。彼がどんな容態なのか知りたかったのだ。

　岩田氏は来なくていいと押し通し、「レジー、会社から私を見舞いに来た人はいない」と再び書いて寄こした。私はビジネスの用件で訪問するつもりはない。こう返事を送った。「失礼ながらミスター・イワタ、私はＮＯＡの社長としてではなく、友人としてあなたを見舞いたいのです」

　この最後の一押しによって、彼は笑って折れてくれた、そう思いたい。私に根負けしたと悟ったときに、彼はかすかに笑みを漏らしたものだ。彼は態度を和らげて、見舞いを許可してくれた。

　この旅を手配してくれたのは古川《ふるかわ》俊《しゅん》太郎《たろう》氏で、彼はその後任天堂の第６代社長となる。

このとき古川氏は企業戦略の代表で、京都で岩田氏の右腕として活動していた。古川氏はヨーロッパで数年過ごしていたから英語はペラペラだ。古川氏は私をホテルに迎えに来て、岩田氏の病室に案内してくれた。病院までの車中で、古川氏は私の訪問がどれほど異例であるか念を押した。ほんの数日前まで、岩田氏は任天堂からの誰の見舞いも許可しなかったそうだ。私が見舞いをすると決まってから、彼は態度を和らげてその2日前には、会社からの他の見舞い客も受け入れていた。

岩田氏は私の見舞いをすごく喜んでくれた。彼の奥さんと娘さんもそこに居合わせていた。ビジネスパートナーの見舞いというよりも、友人のプライベートな見舞いとして迎えてくれたわけだから、私は嬉しかった。

岩田氏の病室に行くのはとても面倒だった。京大病院が設立されたのは1899年、任天堂が設立された10年後のことだ。任天堂の創業一族である山内家の寄付により病棟を増設するなどして、何度も改築が行われた。英語で書かれた標識がほとんどなく、新病棟から旧病棟までの通路も入り組んでいて、どうにか病室にたどり着けたのは、古川氏が付き添ってくれたおかげだ。

病室に入ると、岩田氏が病院のガウンを着て満面の笑みを浮かべて立っていた。私は岩田氏を見ていつも通り、握手をした。そのまま打ち解けたプライベートな会話に入り、彼の回復具合について聞いた。元気そうだ。顔は赤みがかっていて健康状態は良好であるように窺えた。髪はいつものように櫛を入れて、真ん中で分けている。いつもより少し長めで、小さな楕円形のメガネをかけていたせいで、１９６０年代のジョン・レノンが日本人だったら、こんな感じだろうと思わせる。

小柄な奥さんを紹介し、英語がまったく話せない彼女の通訳を務めてくれた。20代くらいの娘さんも紹介してもらった。彼女は私と会えてすごく喜んでくれた。「レジー、娘は君の大ファンなんだ」と岩田氏。「本当ですかミスター・イワタ。ご家族の中に私のファンがいるなんて」と私は返した。

岩田氏はクスクス笑って、通訳をしてくれた。おかげで、娘さんと私は軽い冗談を交わすことができた。彼女は携帯電話を取り出して、この病室で一緒に写真を撮ってくれませんかと言う。これを聞いて岩田氏は笑い、お願いできないかと私に言うのだった。

私はもちろんいいですと答えたが、問題が1つあった。私は背が高いが彼女は小柄なため、私たち2人をフレームに収めるのが難しかったのだ。いたずらっぽい笑みを浮かべて目を輝かせ、岩田氏が助け船を出してくれた。娘さんの携帯を取ってカメラマン役を引き受けて、2人の写真を何枚か撮ってくれた。写真を見て彼女は満足げだった。

要するに
02

相手をよく理解すれば最大の成果を上げられる

私は人間関係がもたらす力を信じている。岩田氏は私の上司だっただけではない。私のビジネスに対する洞察力を評価してくれただけではない。彼は友人であり彼との友情があったからこそ私は任天堂で成功し、人生においても成功することができた。だからといって、ビジネスにおいてみんなと仲良くすべしということではない。つまり、相手をよりよく理解するほど、共同作業でより効率よく最大の成果を上げられるということだ。相手の素性、観点、経験を理解するほど、問題がよりよく解決できるようになる。これは上司部下の関係や同僚同士の対等な関係にも当てはまる。

ビジネスで必要なのは3つの種類の関係だ。まず、以前にあなたと同じ仕事をやり遂げて、その仕事の仕方を教えられるコーチだ。相談できるメンターも必要だ。伝えにくい点を代弁してくれて、代わりのアプローチやアイディアを提案してくれる。最後にサポーターだ。サポーターは周囲にあなたのことを好意的に語ってくれる……特にあなたがいない場でもあなたを評価してくれるから、なおさらありがたい存在だ。

別れの旅路

私の中では、岩田氏の病室での楽しかったひと時の隣には、その1年後に開かれた葬儀の記憶が並んでいる。それは私の中に深く刻まれている。私たちは東京に着いてから別の飛行機で大阪に飛んで、そこから故人との別れがなされるお寺まで電車で行く計画だった。これは異例のことで、いつもなら新幹線という高速の列車に乗って京都に行く。電車のほうが少し時間はかかるがより便の数が多い。いずれにせよ、故人との対面は当日の夜に行われ、翌日が葬儀ということで、一刻を争う状況だ。

今回はＮＯＡを代表して、私を含む数人で一緒に旅をしている。私たちは飛行機のトイレで喪服に着替えた。飛行機が迫りくる台風のせいで激しく揺れていたため、私みたいに体の大きな人間には大変だった。飛行機は予定より遅れて到着し、次の便との接続がギリギリだったため、フライトアテンダントが他の乗客にお願いして、先に私たちを降ろしてくれた。入国審査でも迅速に手続きしてもらったが、通過すると、大阪行きの次の便は遅れるか、あるいは即座に運航中止になるかもしれないと知らされた。私たちは予定通りそのまま飛行機を乗り継いでそれから列車で行くか、あるいは新幹線で直接京都まで行くか決めなければならない。チームが私に顔を向けた。私の決断が間違えば、故人との別れに間に合わない可能性も出てくる。

私は新幹線で行くことに決めた。新幹線は時間通りに走行する。１分でも到着が遅れたり、逆に早く到着したりしたときでさえ、制服を着た車掌が謝罪するくらいだ。

新幹線が京都駅に到着する頃には、時間が切羽詰まっていた。お寺まではタクシーを使うしかないが、列に並んで待たなければならず、そうなるとさらに遅れてしまう。チームのメンバーの１人が事前に電話して、お寺を開けておいてもらえないかと頼んでくれていたが、その要望に応えてもらえるかはわからない。

私たちはやっと目的地に到着した。残っていたのはわずか数名だけ。その日の早くには１０００人を超える人たちが故人との別れに訪れていたそうだ。任天堂のスタッフが早くから大勢の人たちに対応していたようで、その中に馴染みの顔もいた。君島《きみしま》達己《たつみ》氏が現場にいた古参の人物だ。君島氏はＮＯＡの社長だったときに、私を採用してくれた。このとき彼は任天堂の最高財務責任者だったが、その後任天堂の第５代グローバル・プレジデントとなり、正式に岩田氏の後任となる。

私たちは遅れて着いたため、岩田氏の棺には翌日の葬儀のために、葬儀用の布がかけられていた。気持ちを集中させて覚えていた手順で焼香を行っていると、君島氏から友人をご覧になりたいですかと聞かれ、はいと答えた。

私はしばらく岩田氏の前に立っていた。私の友人であり、メンターであり、導き手だっ

数々の名ゲームを生んだ岩田氏（写真：Handout ／ Getty）

た人が亡くなったという事実を受け入れるしかなかった。岩田氏の逝去がきっかけで、私は自分のキャリアについて深く考え、任天堂に何を残したいのか考えるようになった。そしてそれから先のことについても。

第1章

友人を亡くして改めて思い知った信条

私の核となる信条は、人生は過酷であり、だからこそ前に進んで成功するためには、自分の中に強さと決断力を持つべきであるということだ。岩田氏が亡くなったときに改めて思い知ったこの大切な信条は、早くから私の中で形成されていた。

正しいことをする

8歳になるまで、私はニューヨークのブロンクスに住んでいた。ノミやネズミがはびこる共同住宅、その5階にある、寝室が1つの住居が私の住まいだった。

兄と私は、それぞれ6歳と4歳くらいのとき、5つの階段を下りて数ブロック歩いてボデガ（食料雑貨店）に行って、両親のために日曜版の『ニューヨーク・デイリー・ニューズ』を買っていた。私たち2人は25セント銀貨を1枚ずつ手にして、おつりでキャンディを買うのだった。ある日曜の朝、2人でボデガに向かっていると、10代の2人が私たちの行く手をふさいで、金を出せと言った。私と、特に兄は屈強だったが、さすがに10代2人と取っ組み合いしても勝てるわけがない。お金を渡してアパートに走って戻った。

恐喝に激怒した母は、私たちを連れて店に行った。10代の子たちはまだ店にいた。母から「どの子たち？」と聞かれ、私たちが連中を指さすと、彼らは逃げ出した。すると母は連中を追いかけた。2人の10代が通りを走り、30歳くらいの女性がそれを追いかけ、それをまた2人の幼い子どもが追いかけるという光景を想像してみてほしい。ちょっとした見ものだ。

10代の2人は、やっと別の共同住宅の前で止まった。20代後半から30代前半くらいの5人の男たちがそこにたむろしている。最も悪そうな1人が、2人にどうしたのか聞いた。1人が「『このイカれた女』が追いかけてくる」と言うと、母は「そうよ、だって息子たちからお金を取ったんですもの！」と言い返した。もちろん10代の2人はやっていないと言う。男は私たちを威嚇するように見つめ、それから2人に視線を移し、ニヤリとして男は「その金は俺にくれ」と言った。しぶしぶ1人が50セントを差し出すと、男はそれを受け取って母に戻した。

私たちは自宅から5ブロックも離れたところに来てしまい、すぐにこの場を離れたほうがいい状況だと察した。母は私たちの手をつかんで、向きを変え、顔を上げてその場を離れた。集団を振り返ることもなく……。だがもちろん兄と私は振り返った。10代の2人は、男たちの集団に何やら声をかけられている。私たちはボデガに戻って、父のために新聞を買うのだった。

要するに
03

言葉より行動で実践するべき

結果はどうあれ正しいことをするからには、言葉より行動で実践するべきだ。悪い行為をする人間に負けることなく、最善の結果を出すよう絶えず努めなければならない。母は金を脅し取った10代の子たちに正面から挑んだ。

自分の信念を守り正しいことをするという考えは、ごく幼い頃から私の中にしみ込んでいる。善悪の教訓は、大人になってからも通用する。

困難なときほど前に突き進む

ある夏の日曜の朝、ブロンクスの近隣の問題が浮き彫りとなる事件が遂に起きた。私たちはニュージャージー州北部の湖に、よく家族で出かけていた。大都市ニューヨークで散り散りになっている一族が集まるのには格好の場所だった。湖畔のいい場所を確保するために、朝8時には起きて家を出る。父が階段を行ったり来たりして、アイスボックスや毛布を車に運び入れ、それから母と兄と私が下りていく。

ある朝、何やら騒動があった。父が1回目に車に荷物を載せて戻ってくると、父と母は激しい口論をしていた。出かける時間になり、母は兄と私を脇に呼び寄せてこう言った。

「階段を下りて車に乗るまで、お願いがあるの。顔を上げたまま下を見ないで。お願いよ」

6歳の子に母親が頼むにしても、階段を下りようとしていたときだから、守ろうとしても無理だ。どうするかって？ もちろん反対のことをするに決まっている。

私はアパートを去り際に下を見た。母が私たちに何を見てほしくなかったのか、はっきりわかった。屋根から階段に血が滴り落ちていて、私たちの家の扉から次の階段まで続いていたのだ。階段を下りていくと、血だまりは劇的に大きくなって数が増え、10セントから25セント硬貨の大きさになっている。1階に着いて建物のドアに向かうときには、四方に大量の血が散乱していて、人々が行き来した後がはっきり見て取れた。

後に知ったのだが、ある男が前の晩に刺されて血を流しながら外へ出ようと、階段を転がり落ちたらしい。男は助かったが、両親はブロンクスを出て、兄と私に人生でもっといい機会を与えようと強く望むようになった。家族は懸命にお金を貯めて、ロングアイランドのブレントウッドに小さな家を買うことができた。

要するに
04

チャンスは手渡しでもらえるものではない

私が幼い頃に学んだのは、ブロンクスのボデガで売っているキャンディと違って、チャンスは手渡しでもらえるものではないということだ。人生は過酷だから努力していくしかない。辛いときも耐え、ガッツを見せなければならない。人生の経験によって強くなるか弱くなるかは、自分次第だ。私は強くなった。欲しいものを目指して前に押し進むことを学んだ。これを教えてくれたのは家族であり、私は今でもこのアドバイスを大切に守り続けている。

人生が花開いた瞬間

私の人生が花開いたのはブレントウッドでのことだ。

私がこの街で暮らしていた頃、白人が人口の大半を占めており、両親は共働きするのが一般的だったため、貧困の率は低かった。私の家族は目立つ存在だった。なにせ地区で黒人家族は私たちだけだったのだ。学校の子どもたちの大半は、何も考えず私たちを受け入れてくれたが、私や兄をいじめようとする子たちがいて喧嘩もした。私たちは自分たちで問題の後始末を付けることができたし、しばらくするともう一度私たちと喧嘩しようという子は、よほどの間抜けか人種差別主義者だけとなった。なかには好奇の目で私たちを見て、自分の子どもたちにあの子たちとは関わるなと言う大人もいたが、それでも以前のブロンクスに比べれば、はるかに安全だった。

学校では、同等の学力のある学生は一緒のグループにされる。幸運にも私は他の優秀な学生と一緒になり、私たちのグループは7学年（＊日本の中1に相当）から始まる上級クラスに参加できた。ハイスクール1年の終わりには、私は大学のパンフレットを集めるようになった。なにせ両親も学校の進路指導課も、卒業後の私の人生をどうバックアップしていいかわからないのだから、頼ってはいられなかった。

ハイチの学校制度を理解し大学卒業資格を持っていた両親も、アメリカの教育制度についてはまったく知らなかった。州立大学と私立大学の違いさえわからなかったし、ましてアイビーリーグの大学のことなどなおさらだ。

学費を自力で工面する

一方で、ハイスクールの進路指導課は人手が足りず、数人のカウンセラーが、７００人の２年生と７００人の３年生を相手にしていた。学生が得られるのはざっくりした情報、この大学はよくてこの大学は入りやすいとか、それだけだ。学校選びを私は１人で行い、志願手続きも１人で把握するしかなかった。

困ったことは、学費をどうやって工面するかだ。両親にはほとんど蓄えがなく、ローンを組むこともできない。大学の授業料は自分で工面するしかなく、志願する大学を選ぶ際、学費も重要な基準となった。

優秀なハイスクールの友人が、大学の学費の元手にするためにＲＯＴＣ（予備役将校訓練課程）を調べていて、それに触発されて私も可能性を探ってみることにした。陸、海、空軍はいずれもＲＯＴＣの奨学金を提供していて、それぞれにトップレベルの大学のプログラムがあって、奨学金は授業料満額、寮費、教材、月の固定給まで負担してくれる。最初の2年は入隊の必要はないが、3学年が始まると軍役に配属される。だからこの道に進めば、大学2年が終わって3年を迎える夏に難しい選択を迫られることになるわけだ。

大学の学費を工面するもう1つの道がある。それはスポーツの奨学金だ。

スポーツは私にとって、競争意欲と情熱を発散させる格好の手段だ。友人たちもみなスポーツをしていて成績もよかったため、スポーツが好きで学力も同じくらいの仲間が集まって、私たちは絆の強い小さなグループとなった。体を使ったスポーツの他にも、私たちはビデオゲームなどのあらゆるゲームを楽しんだ。私がマグナボックスのオデッセイ、アタリ、コレコのゲーム機でプレイしたのもこのグループが相手で、ビデオゲームはみんなで集まって楽しむのに、ぴったりだった。

私はスポーツが得意だったおかげで、大学からもいくらか興味を持たれた。様々な大学からプログラム勧誘の手紙をもらい、質問書に回答するよう要請が来た。ハイスクールのバスケットボールチームの元コーチが大学のコーチをしていて、私が参加したバスケットボールのキャンプを運営していた。

こうした誘いを受けて私は有頂天になったが、心の底ではエリートになれるほどのアスリートではないという自覚もあった。足よりも頭を使って大学に入ったほうがよさそうだと考えたのだ。

人生を決定づける数少ない決断

最終的に私は３つの大学に志願した。

第一候補はコーネル大学だった。アイビーリーグの１つとして、最高の学者を擁していた大学で、ＲＯＴＣのプログラムがあるから、奨学金を受け取ったら最初の２年はそれで十分おつりが来る。１８６０年代末に施行されたこのプログラムのおかげで、州内の学生は在籍するカレッジ（学部）によっては授業料を減額された。私のビジネスプログラムもこうしたカレッジ内の１つで、３年になってＲＯＴＣを退会したとしても、コーネル大学なら通い続けることができる。

要するに
05

最善の道を見極めるには明確な目的がなければならない

振り返ってみると、私はキャリアを通じて様々な困難に直面した際に、まず根っこにある目的を明確にすることから始めた。例えば、一流の大学に入る学費を工面すること。このように目的を明確にすることが、私のビジネスアプローチの特徴となるのだった。

私はシニア・エグゼクティブ（上級幹部）として毎回ミーティングを行う前に、ミーティングの目的と最終決定の評価ポイントを、必ず明確にする。明確でなければ、プロセスを中断してこう問いかける。自分たちの目的は何か。なぜ自分たちはこの場にいるのかをみんなに問う。明確な目的がなければ、達成に至る最善の道を見極めるのは困難だ。例えば、今日の多くの組織は、何かと目先のことに過剰反応する傾向がある。一歩退いて究極のゴールを明確にしないまま、機会に飛びついたり、1つの問題に執着したりなど、対応がぶれている。

ひとたび目的が明確になれば、私は代案を吟味して選択肢を追求する。様々な「もしも」のシナリオを用意して、プランを練り上げることが成功へとつながった。冷静に分析した上での意思決定に思えるかもしれないが、私はこのプロセスに感情と直感をミックスさせる。正しい選択で戦略的にも目的に適すると感じられたら、自分の感情に向き合う。すると最終決断を下すことに不安がなくなり、ひとたび決断すれば、あとは前に進むだけとなる。

私は志願した3つの大学すべてに入学を認められ、いずれの大学も金銭的支援を約束してくれた。さらに空軍のＲＯＴＣ奨学金も受けることにした。私が選んだのはコーネル大学だ。寮に入るために初めてキャンパスに足を踏み入れた私にとって、これは今後の人生を決定づける数少ない決断の1つだった。

1つのプランに固執しない

ＲＯＴＣの課題のおかげで、コーネル大学で大きな影響を与えてくれる2人の教授に会うことができた。指導教授であり金融と会計を教えていたアンダーソン教授と、もう1人はリチャード・ドック・アプリン教授だ。アプリン教授はビジネス戦略と資本配分、畜産業を教えていた。

空軍のＲＯＴＣプログラムの2年が終わって、この奨学金を継続して軍に参加するか、退会するか決断を迫られた。私は例によってこの問題の分析に取り組み、空軍での仕事が自分にとってどう役に立つのか調べた。

考え抜いた結果、私はＲＯＴＣを退会することにしたが、そうなるとコーネル大学の授業料を払うプランを立てなければならない。学生ローンを組み、わずかな奨学金を受け取り、夏休みや学年度に関係なく、残りはアルバイトで埋め合わせることになる。

するとアンダーソン教授やアプリン教授と親しくしていたおかげで、チャンスが巡ってきた。私は２人の下で、初めは講義の採点官として、それから採点官や講義の細かなプランをまとめるティーチング・アシスタントとして働くことになった。収入以上に恩恵を受けたのは、２人のティーチングへの取り組み方からだ。よく見ていると、２人は毎日教材を作り直して、絶えず内容を面白くしようと努め、準備も丁寧だ。コーチングの機会も得られた。勤務時間内は学生にコーチし、他の採点官の業績に対し責任ある地位になると、彼らのコーチかつメンターとして務めることになった。

Ｐ＆Ｇへの入社

当時は気づかなかったが、コーネル大学の学部生向けビジネスプログラムの主な教授に出会えたことで、キャリアを決定づけるＰ＆Ｇとの出会いにつながった。

Ｐ＆Ｇはコーネル大学でのリクルート活動にかなり力を入れていた。エンジニアリング、財務、セールス、ブランドマネジメントなど、会社のどの部門も積極的に募集していた。ブランドマネジメントはＰ＆Ｇにおいてゼネラルマネジメント（企業経営や事業運営に関するマネジメント）の機能を有している。この部署にいれば、広告、プロモーション、価格設定、製品開発などビジネス運営のあらゆる面を学ぶことができる。この部署で鍛えれば、人をマネジメントする責任が与えられる。会社のほぼすべての要職を、この部署出身の重役が占めていた。

そして１９７０年代、80年代、90年代を通じて多くのフォーチュン５００（*『フォーチュン』誌が毎年発表する全米上位５００の企業リスト）にリストされる会社は、Ｐ＆Ｇや同じく消費者向けのパッケージ商品を販売する会社で、このような職務を経験した重役が統括していた。

ブランドマネジメントの部署が学生をリクルートするプロセスは、他のＰ＆Ｇの部署とかなり違っていた。候補者はほぼすべてＭＢＡを取得しているから、リクルーターはコーネル大学のジョンソン・スクール・オブ・マネジメントに的を絞っていた。面接スケジュールはすぐに埋まり、Ｐ＆Ｇは通例５、６人の重役が面接を分担していた。

学部生にとって、面接に招かれるには、主だった教授からの個人的な推薦を受けるしか術はない。面接にこぎ着ける学部生は10人足らずだ。しかもよくある大学を通した契約システムとは別に、会社が直に接触してくる。それがすべて迅速に行われるのだ。

今日に至るまで、私をＰ＆Ｇとの面接スケジュールに加えるよう、働きかけてくれたのが誰だったのかはわからない。当時私はもっぱら銀行業に進もうと考えていた。

だからＰ＆Ｇから面接の招待を受けたときは非常に驚いた。だがこの会社を調べていくうちに、新たなことを知って興味が湧いた。入社してから経営を学べるなど、考えただけで魅力的ではないか。ビジネスのあらゆる面に触れて、これをグローバルな企業で実践するなど、そうできることではない。コーネル大学が私の人生を変えてくれたように、この機会もそうなるかもしれない。

卒業の準備をしているとき、Ｐ＆Ｇが速やかに昇進できる機会を提供してくれたことも大きかった。当初考えていた銀行のローテーションに従って2、3年を無駄に過ごし、それからもう2年ＭＢＡの資格を取る勉強という遠回りをしなくても済むのだ。

もし成功すれば、25歳でブランド・マネージャーになって30歳で重役になれる。失敗しても、何も失うものはないし、時間を失うことにもならない。Ｐ＆Ｇの経験を生かしてビジネススクールに入り、ＭＢＡを取得して、当初の計画通りに銀行業に入ればいいのだ。

要するに
06

たった１つの考えに固執しない

私がＰ＆Ｇから入社の勧誘を受けてそこでキャリアをスタートさせたことが、ここでの学びのポイントではない。私が採用されて、この特権的なプログラムに入れた一握りの大学生の１人だったことを、誇らしく語りたいわけでもない。

　このとき学んだ教訓は、別の道や結果をオープンに受け入れるべきということだ。ともすれば私たちは、たった１つのプランや解決策に固執してしまう。Ｐ＆Ｇ、アップル、ディズニー、グーグルだけが、自分が満足できる組織だと考えがちだ。あるいは財務や技術畑に入りたいという思いが強く、他の専門で得られる機会には見向きもしなかったりする。この経験から教わったのは、プランは常に持つべきだが、現状を考えた場合にそれでもなお妥当なものなのか、これを絶えず確認しなければならないということだ。

　別のプランや結果をオープンに受け入れたおかげで、私は自分の長期的な目標と合致する素晴らしい仕事に巡り会うことができた。

Ｐ＆Ｇで学んだビジネスの基本

　どの組織にもカルチャーというものがある。カルチャーによって社員の行動の規範が決定づけられ、誰も見ていない場合でもそれは変わらない。カルチャーによって社員の進むべき方向が決まる。カルチャーとは、自分が毎日いる場所を取り巻く空気のようなものだ。

私にとって、Ｐ＆Ｇのカルチャーは１枚の社内メモ、「核となる」指標、そして「昇進か退社か」のフレーズから成り立っていた。これらについて話していこう。

Ｐ＆Ｇは、１枚の紙に書き出されたアイディアや構想を基に前に進んでいく。入社した初日から、社員は明確で説得力のある社内メモを書くように言われる。少なくとも１週間に１枚を書いて上層部に採用してもらうことを目標に、一度に２、３枚の社内メモに並行して取り組むのが一般的だ。これらを上司と共有し、タイプで打って提出すると、書いたものよりも多くのコメントが手書きで添えられて戻ってくる。

まずは社内メモの目的を明確に記すことから始まる。これは仕事での目的を明確にする助けともなる。この社内メモは新たな広告を始めるための提案なのか、リサーチの概要なのか、価格値下げの提案なのか。まずこれらを明確にしなければならない。

１枚にまとめた社内メモのもう１つ重要な点は、考えを３つに分けて記すことだ。自分のアイディアが正当である３つの理由を書く。研究レポートからわかった３つのことなど、常に３つだ。どうして３つなのか、その理由を聞いたことがあるが、そのときの答えは、１つや２つでは説得力が足りなくて４つ以上は多すぎる、３つが最適な数だという判断らしい。私は話すときも今なお３つの段階を踏むことにしている。

優れた１枚の社内メモは提案を書いた際でも、それに対する懸念を見越して反論が用意されている。構想を追求する際に伴うリスクと、こうしたリスクを軽減する方法をあらかじめ記しておくのだ。

社内メモを１枚完璧にまとめる最後のポイントは、次のステップを明確にしておくことだ。このためには構想をどのように実行すればいいか、入念に考える訓練が必要だ。例えば、新たな広告の制作を提案する場合、こちらが依頼した場合に都合が付く制作会社を十分に下調べしておく必要がある。撮影に何日必要で、編集に何日かかり、完成した広告の発表を準備するのに、最終的にいつ内部の承認が下りるかなどなど。こうした下調べによって、細かいところにまで注意が行き届き、どんな問題が生じて費用やタイムテーブルにどう影響を及ぼすのかが予想できる。

コーネル大学を出たての22歳の私にとって、１枚の社内メモを完成させようと努力することで２つの大きな成果が得られた。１つはビジネス文書を書く強力なスキルが身に付いたことだ。文書を書いて上司に見せて、何の編集もコメントも付かずに上層部に送ってもらったときは、鼻高々だった。正直言うと、私はそこまで行くのに数カ月かかった。それだけに、できたときは最高の気分だった。

２つ目のもっと大きな成果は、１枚の社内メモを完璧に書こうとすることで、明確に考えられるようになったことだ。大きな視点を持ち、これから成し遂げようとする目標を見積もるようになる。説得力が身に付く。自分の案を支持するデータや外部の例を探すようになる。質問を想定し、あらかじめ答えを用意できるようになる。自分の提案を実行するための、詳細な行動プランを作るようになる。

核となる5つの指標

P&Gでは「核となる」重要な指標によって、会社内で評価される行動規範が定義づけられる。会社がこれらを明確にすべく懸命に取り組み続けるのは、ブランドマネジメントに加わった社員とこれらをオープンに共有するからだ。これらの行動規範はビジネスの進化に応じて、時を経て進化していく。私のP&G時代には5つの「核となる」指標があった。

それは次の通りだ。

- 高度な思考スキル。主に戦略の立案、分析力、創造力など。
- 個人の自主性。簡単に言えば、物事を実現させる実行力。
- 消費者目線での新たなアイディア。消費者が何を望むかに的を絞り、利益をもたらしながら消費者の需要に応える術を考える。
- ビジネスを構築する広告制作。創造性を持ち協力しながら、広告代理店や制作会社など外部の会社を引っ張っていく。

・人とチームの育成。これが決定的なポイントであるのは、当時P&Gでは昇進は引き抜きに頼らず、もっぱら社内でエスカレーター式だったからだ。ピープルマネジメント（部下に向き合い、モチベーションの向上など、精神的に支援しながら成果を上げさせること）に携わる人間であれば、昇進するために身近な上司とのパイプラインを築く必要がある。

最後の指標は諸刃の剣でもある。人を統括する立場であれば、部下が最大限の力を発揮できるように教えて育てなければならない。だが部下（あるいは自身）が社内で次のレベルに上がれなければ、会社を去るしかないことが明確になる。P&Gでいう「昇進か退社か」とはそういうことだ。誰もがこのプレッシャーを感じていた。実際、会社に入って数カ月足らずで、ここらが潮時だという人には、P&Gからの退社の後押しとなるよう、キャリアを積んだ上級リクルーターからの電話がかかってくるようになる。

会社を出るよう伝える際のメッセージは、そのものずばりだ。在籍中に私は数人に対して、君には次の段階に進むスキルや力がないから、最善のステップは会社を離れることだと言ったことがある。あるいはもっと微妙な言い回しで、ほぼ同期の人は昇進したのに、君はまだだとか。この状況はいかんともし難く、会社としては君に残ってほしいが、君にも焦りがあるだろうし、上級リクルーターからの電話も頻繁にかかってくるから、他の会社のことも検討してみてはどうか、など。

要するに
07

会社のカルチャーに合った人間になる方法

ビジネスの機会を検討する際に、カルチャーと適性が見過ごされがちだ。社員は、状況にどうアプローチして互いに対してどう振る舞うかを示す、根本的なポイントを理解しなければならない。

あなたが新入社員であれば、「どうすれば自分はここのカルチャーに合うだろうか」とじっくり自問してみる。私の経験から言えば、会社が合わないのは必要なスキルが欠けているからではなく、行動の適性が欠けているからだ。

管理者になると、苦労はさらに大きくなる。今のカルチャーのよいところはどこだろうか。よくないところはどこで、それをどう変える必要があるのかを考える。完璧なカルチャーなど存在しない。その時々のビジネス状況と一緒に進化しなければ、会社もカルチャーも時代から取り残されてしまう。じっくり考えた上で、組織におけるカルチャーを定義するのが最高のリーダーだ。

素晴らしいメンターとの出会い

Ｐ＆Ｇでは、私をカルチャーに溶け込ませてくれた素晴らしいメンターに出会えて幸運だった。彼の名前はボブ・ギル。初めて会ったとき、彼は宣伝副部長という、ブランド・マネージャーのすぐ上の役職だった。ボブはコーネル大学の学生を懸命にリクルートしていて、私を採用してくれたのも彼だった。もっと給料のいい財務の仕事からもオファーが来ているからと言って私が当初ごねたとき、彼はプレッシャーをかけて半ば私を強引に入社させた。私がＰ＆Ｇのオファーに対して給料の値上げ交渉に挑んだ際、私の中の頑固なブロンクス気質を垣間見た人でもある。

今思うと笑ってしまう話だ。口頭で激しく交渉していたとき、彼は机の引き出しからペンナイフを取り出してそれをいじり始めた。こうすれば私がひるむと思ったのだろう。だが私は交渉に集中し、状況をシリアスに見ていてそれどころではなかった。私はただ含み笑いをして提示額を上げてくれるようプッシュした。後でわかったのだが、提示額が変わることは決してないらしく、ましてまだ大学生のうちに給料など上げてもらえるわけがない。私は会社での8年の任期のうち5年間、彼の組織の中で働くことになる。

ボブの組織から外れた短い期間中、私はまだブランド・マネージャーに昇進させてもらえないことに苛立っていた。同じ年に採用されて出世した連中と比べても、私のほうが優れた業績を残している。しかも何人かのリクルーターの目に留まり、P&Gを出ればずっと高い給料でブランド・マネージャーの役職が待っていると誘われもした。まさに「昇進か退社か」の時期だった。

結局私は病欠を取って、別の会社の1つを訪ねることにした。面接の前日の夜に夕食を兼ねて顔を合わせ、カジュアルな雰囲気の中で、私が審査されるという手はずだ。翌日役員たちとの面接へと進む。その日が終わる頃には私に採用のオファーが来た。

ボブは私のオフィスと自宅の電話番号を知っていたので、私の病欠の日に両方の電話に留守電メッセージを残していた。今思えば私は見抜かれていた。この会社での3年と少しの間、病欠など一度もしたことがなく、休んだ日はたまたま金曜日だった。帰宅して折り返し電話すると、彼は翌日の土曜日に自宅に来てくれと強く言うのだった。これは極めて異例のことで、別の仕事探しで休みを取ったのがバレたのだと思い、私は少し緊張した。

彼は私が前日に病欠していたことは知っていると言った。それどころか、P&Gの経営陣の多くが、私が休んだことを知っていたそうだ。

「レジー、君が面接に行ったことはみんなが知っている。せめて次は週の真ん中か、有給休暇を使ってくれ」

「別に君の仮病をとがめるためにここに呼んだわけじゃなくて、辛抱しろと言いたかったんだ。会社は君を評価している。この会社には君の未来がある。だが辛抱は必要だ」

「ボブ」と私は返した。「自分より業績の低い連中が昇進するのを見るのは辛抱できません。それに、今の上司が自分を後押ししてくれるとも思えないのです」。新しい上司が来たばかりだった。出産休暇を取ったばかりの前の上司は、素晴らしい指導者で私を後押ししてくれた。だがそんな彼女がいなくなった今、自分をサポートしてくれる人はいないと私は感じていたのだ。

「レジー、この会社には君を支持する人間は大勢いる。取りあえず辛抱するんだ。ちゃんとした機会が巡ってくるし、君が他の会社のオファーを断ってくれたら、このＰ＆Ｇでブランド・マネージャーの職が待っている。キャリアの面でもっと満足できる恵まれた地位だよ」

ボブは私がメンターに望むあらゆることをしてくれた。彼は率直に何でも私に言ってくれる。嘘がまったくない。現実的なアドバイスをしてくれる。Ｐ＆Ｇでのブランド・マネージャーの地位を約束してくれた。昇進するためにＭＢＡなどの資格は必要ないことを教えてくれた。

要するに
08

本当のメンターが展望を与えてくれる

組織によっては、社員に対して経験が上の人を相談役やコーチに割り当てる。私は任天堂でこれを実践し、こうした人たちを「メンター」と呼んだ。だがこれは誤った言葉の使い方だった。

本当のメンターとの関係は、時を経て自然に発生するものであって、こちらから割り当てるものではない。この関係の基にあるのは、経験の浅い社員の、自分も仕事ができるように成長したいという願いと、そうさせたいというメンターの思いだ。メンターが導いて展望を与える。ああしろ、こうしろと言うことはない。メンターは指導する相手と同じ経歴を持つ必要はないし、同じ指揮命令系統にいる必要もない。だが社風をしっかりと理解して、有効な視点を与えてくれるはずだ。

多様な視点が殻を破る

それから数週間足らずで、私に昇進が告げられた。なんと昇進先はボブの課だ。彼は今や宣伝部長として、マーケティングのトップに立っていた。ボブはメンターシップの力と、メンターのもたらす重要性も教えてくれた。

このビジネスの一環として、もう1つの重要な教訓を学んだことがあった。1年ほどブランド・マネージャーを務めた後、私は初めてチームを率いることになった。P&Gに在籍中、私は会社のコーネル大学へのリクルート活動にずっと関わっていた。レジュメの精査から教授たちとのミーティングで候補者の推薦状とその経歴データを集めるなど、あらゆることをしていた。チームを率いるまでの2年間、キャンパスで、あるいは候補者を本社に呼んで行う面接チームの1人を務めていたのだ。私はこの仕事にセンスを発揮し、何人もの候補者をブランド・マネージャーとして成功に導いた。

だが私の仕事始めは、典型的なリクルートのサイクルから外れていた。秋の初めに就いたものだから、翌年の春の新卒生を1人選んで職務を果たすのにしびれを切らすほど期間が空いた。人事部と一緒に私は前のサイクルで採用から漏れた志願者や、直接会社に送られてきた志願者の願書に目を通す。ここから、志願者のリストを作り、電話でのインタビューを行う。このリストから、オフィスに来てもらって直属の上司と一緒に見てみたいと思う志願者を３人に絞り込む。上司がボブに結果を報告する。

リストの中に異色の志願者がいた。他の志願者はＭＢＡを取得しているのに、私同様に彼女は学士号しか持っていない。当時マーケティングの仕事ではなく、営業をこなしながら上級リクルーターを務めていた。だが履歴書と電話でのインタビューで、彼女は努力して大学を卒業し、自分なりの構想を数多く抱いている人物だと私は判断した。彼女には私と重なるところがあったのだ。

この志願者に目を留めた上司から、「なぜ彼女を加えるんだ」と聞かれた。「彼女の経歴を気に入ったもので。それに質問にも丁寧に答えてくれました。大学を努力して卒業し今に至っています。彼女には学んで成功したいというハングリー精神があります」

上司はしぶしぶ認めて、私たちは３人の志願者を招いた。面接の終わりに上司と私で誰を採用するかで意見が分かれた。上司は従来通りの志願者を好んだ。男性で有名大学の出身でＭＢＡ取得。私は型破りな候補者ディナ・ハウエルを気に入り、上司と議論となった。「レジー、ぐずぐずしている時間はない。即戦力となって会社の中で伸びそうな、これはという人物が必要だ」と彼はせっつく。

私は自分の考えを貫いた。「彼女なら私のために働いてくれます。私は自分の直感を信じて、短期的にもそして長期的にも最も可能性を秘めた人と仕事がしたいです。ディナは勝者として、どんどん前に進んでいくでしょう。彼女を採用したいと考えます」

最終的に態度を軟化させてくれた上司に、私は心から感謝している。私はディナを採用し、そして彼女は期待に応えてくれた。実際、最終的に彼女はＰ＆Ｇで20年ちょっとのキャリアを成功させ、そこで私と私の上司のキャリアを超えた。私に先見の明があると言いたいところだが、先見の明というよりも、ディナが会社にもたらした独自のスキルと経験を高く買っていたということだ。会社には有名大学から数百人の志願者が集まった。だが新たな視点をもたらし、うちに秘めた強い思いと経験を持つ人はそこまでいなかった。

私にとってマネージャーとして、多様な価値観と素性を認めたのは、このときが初めてだった。そして今から述べる教訓を決して忘れることはなかった。

要するに
09

ダイバーシティ（多様性）とインクルージョン（一体性）

ダイバーシティ（多様性）とインクルージョン（一体性）のコンセプトをさも偉そうに語る人は多いが、残念ながら、この2つを混同して効果的に実践できていない。この2つは違うものだが互いに関連する概念だ。

ダイバーシティとは、身体的特徴も人生経験もその人固有のものであると認めることだ。こうしたそれぞれの違いは、問題解決に独自の視点を与えてくれるだけに軽視してはいけない。

同じような人間が集まったグループと違い、多様な人が集まったグループは、多様な視点によって問題解決のより大きな可能性と、より「殻を破る」考えを提示してくれる。

インクルージョンとは、コミュニティやビジネスの組織に関係なく、多様な人たちを積極的に集めて、こうした違いを積極的に統合することだ。集まった多様な人たちに、自分たちが歓迎され尊重されていると感じさせることが、インクルージョンの本質だ。

真のリーダーは、個人的にも仕事の面でも多様性を築くのが責務だと心から信じて、行動を起こす。ダイバーシティをよりよい結果を生み出すために活用し、インクルージョンというカルチャーを作り出す。

クリスコでおかした間違い

私がＰ＆Ｇで子会社のサンドロップのソフトドリンクのビジネスに関わった時代は、約1年ほどで終わった。Ｐ＆Ｇはこのビジネスから撤退して、この分野を売却する決断を下したのだ。

ここでもまた私のメンターであるボブが、私を脇に呼んでこう言った。

「レジー、君にはプライベート・エクイティ（成熟した企業への投資）やベンチャー・キャピタルの投資家と交渉して、こうした契約を結ぶのは時期尚早だ。だがこの会社で次の昇進が待っているから、もう少しこのままＰ＆Ｇに残ってくれ」

当時これは私にとって難しい決断だった。確かにプライベート・エクイティやベンチャー・キャピタルの世界については知らなかったが、Ｐ＆Ｇ製品の低調な伸びにはとっくにフラストレーションを抱えていたところだった。その中で、自分の担当するブランドを年に3〜4パーセント成長させればヒーローとなる。それをボブのリーダーシップに引っ張られて、15パーセントを超える成長に関われて私は幸運だった。

私はクリスコという、数年前に関わっていたショートニングのブランドに戻るように言われた。残念ながら、そうなるとボブの組織から外れることになる。しかもその間にクリスコのビジネスは縮小していた。なお高い収益を出してはいたが、この尻すぼみのビジネスに関わることにはあまり気乗りしなかった。それでもボブの話を聞いて、サンドロップから離れることにした。

私が再び参加してから、チームはダイレクト・レスポンス・マーケティング戦略（広告への反応があった相手をターゲットにする戦略）をさらにレベルアップさせた。消費者がクリスコを注文するマーケットを分析し、クリスコの購入数の伸びを追跡調査した。さらにメディアプランを改善するために、消費者のレスポンスをデータにまとめ、最も好んで見られるショー番組での広告を増やした。

私たちはＣＭも改めて検証した。このＣＭは、数年前に私が関わってカントリーシンガーのロレッタ・リンを起用したものも含めて、クリスコの歴代ＣＭのすべてをしのぐものだった。何よりも大きかったのは、ＣＭが若い消費者にアピールしたことだ。こうした消費者はなおも食事メニューの組み立てに苦心していただけに、ＣＭをレシピと紐づけたのが大きかった。

素晴らしい広告と、戦略的なメディアプランが出そろった。レシピを増やし、ホリデー用のクッキーに焦点を当てるために、キャンペーンも拡大させた。広告によってクリスコの売上と収益が大きく伸びるという確信が私にはあった。当初は予算に限りがあるため、広告を10月の末にスタートさせる計画だったが、私としては思い切ってジャンプスタートして9月に始めたいところだ。そこで私は広告とメディアの代理店にスタートを早めるよう、ゴーサインを出した。

広告を数週間早めにスタートさせてもたいした違いはなさそうだが、実はこれが大きい。私が予算の追加支出を促したのも同然だから、広告がうまく行かなければ、私の手でクリスコの生産性を下げることになる。本来、私にはそこまでする権限はなかった。

もう1つの複雑な問題は、ちょうど広告が打ち出される頃に、私が昇進によってチームに参加したことだ。これが大きな問題となった。昇進したばかりの私の一存で、広告は計画よりも早くスタートしたため、会計四半期の終わりにクリスコと、クリスコを擁する部署の収益性（売上に占める利益の割合）は目標を下回ってしまったのだ。私が全面的に責任を負って、代理店に対して広告を計画より早く出すよう指示したせいだが、会社側は広告代理店に契約を解消すると圧力をかけた。これに対して決定権は自分にあり、敢えて踏み切ったのはビジネス拡大のためだと、私ははっきりと社内メモに書いた。

最終的にクリスコは10月から12月期にかけて、予想をことごとく上回る成果を出した。広告に追加の出費が生じたものの、クリスコはここ数年で最高水準の利益を上げた。私が宣伝副部長としてもう1年このビジネスに関わったことで、大きな結果を出すに至ったのだ。だが一方、独断で出費を決めたために、自分のキャリアを台無しにしてしまうことにもなった。私は社内で厳しい立場に置かれてしまい、会社を去る時期を迎えた。

あのときの経験を振り返ると、自分のアイディアは適切だったが、やり方を間違えたと思う。売上と収益を伸ばすために、直感に従ってクリスコの広告とマーケティングに投資したことは間違っていなかった。ビジネスに弾みが付くことで、素晴らしい環境が整う。みんながこのビジネスに関わりたいと思うようになる。創造性が解き放たれ、新たなアイディアが実行される。

だが私は越権行為をしてしまった。１枚の社内メモを書いて、広告に投資するよう経営陣を納得させるのが先だった。支援を嘆願し、提案でみんなを鼓舞するべきだった。オープンになって自分の考えに周囲を取り込むべきだった。

このときの教訓を私は次の職務で生かすことになる。

要するに
10

失敗を打ち明けることが学ぶ上で大事

失敗は起こる。失敗があるからこそ学ぶ。失敗をしたらそれを打ち明ける。私たちはつい言い訳して他人のせいにしてしまいがちだが、学ぶ上で大事な最初のステップは失敗を打ち明けることだ。

それから、失敗だったことを認める。うまく行かなかったことは正直に認めるしかない！　判断を間違えば、必ず正直な結果となって返ってくる。

大切なのは、そこから学び、それを決して繰り返さないように努めることだ。

第2章

「胸躍る仕事」と出会う方法

繰り返し私をＰ＆Ｇから引き抜こうとしていた会社がペプシコだ。Ｐ＆Ｇでソフトドリンクのビジネスに関わっていた私は、競合会社のコカ・コーラやペプシコと接することが多かった。マーケットを牛耳っていたのはこの2つの会社で、共に親会社から濃縮飲料を購入してソフトドリンクを作る、主要な飲料メーカーのネットワークを築いていた。

Ｐ＆Ｇの子会社であるクラッシュ、ハイアーズ、サンドロップのドリンクは、コカ・コーラやペプシコの流通業者が瓶に詰めて販売店に出していた。Ｐ＆Ｇのブランドはいわば「おまけ」的な存在として、流通業者には利益の機会、消費者には味の多様性を提供していたわけだ。

ペプシコでピザビジネスを変える

ペプシコは当時3つのファストフードチェーンを所有していた。ケンタッキーフライドチキン、タコベル、そしてピザハットだ。ペプシコの組織の中で私にここぞというチャンスが巡ってきたのは、1991年にピザハットのマーケティング事業部長になったときだ。私の管轄区域は新たにデリバリーとテイクアウトの店舗を増設していったおかげで、最も成長が著しかった。歴史的にピザハットは、イートインの店舗でピザのブランドを支配してきた。ところが私の管轄区域で人口の多いマーケットでは、土地代が高いために「赤い屋根」の店舗数は限られていた。

一方でデリバリー（delivery：宅配）とキャリーアウト（carryout：テイクアウト）のロケーション（location：店舗）、略して「デルコ（delco）」は土地面積がずっと小さいため、店舗の建設がより経済的だった。このため西部の地域は、率先して赤い屋根からデルコへと転換していった。

当時、赤い屋根とデルコに対する考えは、地域で異なっているのみならず、会社直属のレストランとフランチャイズのレストランでも違っていた。フランチャイズ店は依然として、赤い屋根のレストランを見て家族が夜に外食したくなるような、小さなマーケットに留まる傾向があった。だからデルコの店舗を別に建てるよりも、宅配サービスを設けるほうをもっぱら好んでいた。

マーケティングプログラムは組合の多数決によって決まる。会社とフランチャイズ店の代表による全米共同組合があり、会社側とフランチャイズ店側に投票権の永久資格を持つ人が2人ずついる。決定を左右する5人目の投票権は、会社かフランチャイズ店のいずれか収益の多くを占める側で決定され、私が来る直前までは会社が握っていた。

地域の共同組合は同様の決め方によって、地元のメディアやマーケティング戦略に資金を注ぎ込んでいた。収益に基づいて投票権が決定されるのも同じだ。私は地域レベルではワシントン州のスポーカンを除く、西海岸の北から南まで多数決の票を握っていた。

全国的には、パーソナル・パン・ピザというメニューを軸として、11時から14時までのランチタイムにイートインをプッシュするプランが立てられた。私はピザハットに入社したばかりだったが、これでは自分の管轄する西部エリアが大変なことになると察した。デルコの店は1000を超えていたのだが、これらの店舗ではパーソナル・パン・ピザを提供すらしていなかったのだ！　お馴染みの赤い屋根の店舗でさえ、ランチの収益は全体のごく一部にすぎず、ランチだけでレストラン全体の収益を伸ばすことなどできなかった。

全国的にランチタイムをプッシュするこのプログラムに統一したほうが、イートインをメインとするフランチャイズ店と揉めることのない「楽なやり方」だった。プログラムはどんどん神通力を失っていったものの、会社は別の提案を封じるために、この件に関しては5人目の投票権をフランチャイズ店に譲ってきた。

私のアイディアは、全米で展開しているパーソナル・パン・ピザの広告に、宅配とテイクアウトの広告メッセージを加えることだった。こうすれば日中を通じて販売を促進することができて、デルコにとっても心強いメッセージとなる。ところがこれに対して、私は会社のナショナル・マーケティング部から散々な非難を浴びてしまった。せっかく地域の組合が追加で用立てたマーケティング用の資金がありながら、会社の全国キャンペーンを支持しないものだから、チームプレイに反していると思われたのだ。

唯一サポートしてくれたのは、ナショナル・メディア・バイイング（広告枠の買い付け）担当のディレクターだった。彼は私がレストランビジネスを学んでいく上で重要な仲間となり、私の担当エリアのことをよく理解してくれた。

宅配とテイクアウトのメッセージを効率よく支援するために、西海岸のメディアフィード（番組で画面に情報をスクロール表示すること）を使うことでディレクターと私の意見は一致した。西海岸のテレビ広告枠ならマーケットごとのスポットメディア（一定期間に流す広告）の枠を買うよりも、効果的に西海岸の北から南まですべてのマーケットに広告を流すことができる。ディレクターはこのアプローチが効率的だと考え、何年も前から取り組んでいたが、1つ問題があった。広告を流す地域の組合すべてを動かして、支持を得る必要があったのだ。だが先にも書いた通り、私にはスポーカンではこれをプッシュする投票権がないため、直に組合の賛同を得るしかない。

他者を引き入れる

　そこで私はスポーカンに出向いて地元の組合の代表と会談し、彼のビジネス、そしてマーケットにおける他のフランチャイズ店のビジネスにとっても、テレビ広告はふさわしい判断であることを納得してもらおうと努めた。多くの訪問や電話に対応するなど大変な作業となったが、最終的に純然たるデータを用いて代表を納得させた。

　一般的な赤い屋根のレストランにおけるランチの収益は全体の15パーセント未満で、宅配とテイクアウトは60パーセントを超えていた。それでもマーケティングのサポートがなければ、宅配とテイクアウトの収益は競合店に負け、衝動買いしてもらう機会を逃してしまう。私は様々な収益のシミュレーションを駆使して代表に示した。スポーカンエリアの赤い屋根の店舗でさえも、主要な部門であるランチの収益は伸び悩んでおり、この停滞を埋め合わせるはずの全国的なマーケティングが十分ではない。

　つまりイートインをメインとするフランチャイズのレストランでも、収益と利益を伸ばすためには、宅配とテイクアウトをプッシュする必要があることを示した。

私はクリスコでの失敗から学んだ教訓を生かした。自分が正しいという確信はあったが、仲間が必要だった。正式な手順を踏んで、各組合に私のプランを認めてもらうことが先決だ。

要するに 11

他者の視点を理解する

他者を仲間に入れて、自分のアイディアを支援してもらうことは、スキルとして非常に重要だ。これはビジネススクールでは教えてくれない。自分の職務が何であれ、常に新たなアイディアや問題に対する新たな取り組み方を「売り込もう」と、努力することは大切だ。

ただしこれを効率的に行うためには、同じ問題に向き合う他者の視点を理解しなければならない。彼らが考える最高の解決策とは何だろうか。自分の提案したプランについて、彼らが問題だと考えるのはどこだろうか。どうすればこの2つの考えを合体させて、最適解に至ることができるだろうか、などを考える。

相手の反論に向き合うことが、相手を自分のアイディアに引き込む第一歩だ。自分のアプローチを使って、どうすれば問題や懸念を解決できるのかを示す必要がある。
　相手がひとたび納得したら、自分のアイディアに対して支持を取り付ける。大胆なアイディアを前に進める唯一の方法は、仲間を作ることだ。

　折しも西海岸のメディアフィードでは、ハムとパイナップルを載せたハワイアンスタイルのピザを宣伝していた。テレビドラマ『ハワイ・ファイブ・オー』のテーマソングを使ったスポットCM（＊番組ではなく、時間枠を指定して流すCM）は素晴らしい出来で、西海岸のレストランは宅配とテイクアウトで大きな結果を残した。

　全国的に、私たちのイートインのレストランも含めて、パーソナル・パン・ピザのプログラムでランチビジネスは劇的に業績を伸ばしたが、私の予想通り、チェーン店全体を伸ばすにはまだ足りなかった。西部の地区だけがキャンペーン期間中に全般的な収益の伸びを見せたのは、何よりも西海岸のメディアフィードとバランスの取れたアプローチの賜物だった。これは私が入社して初めてつかんだ大きな勝利だ。

任天堂のゲームとの出会い

この頃、私はもう1つの分野、ずっと個人的な分野にのめり込んでいた。若い頃に友人の家やゲームセンターでビデオゲームを楽しんでいた私は、遂に自分のゲーム機を購入した。スーパー・ニンテンドー・エンターテインメント・システム、略してＳＮＥＳだ。

機器にはゲームも梱包されて届いた。それが「スーパーマリオワールド」だ。このゲームを私は延々と続け、音楽やゲームの中身はもちろん、泳いだり空を飛んだりできるマリオに夢中になった。最終的にゲームを終えて、マリオを無限増殖できるエリアを知った。ここまで到達できたのはスキルを身に付けたおかげでもあり、『ニンテンドー・パワー』や『エレクトロニック・ゲーミング・マンスリー』などの雑誌から得た情報でレベルを上げ、マリオの命を増やしたおかげでもある。私はすっかり熱烈なゲーマーになった。ゲームは私の「完璧主義」のメンタリティを反映する。ゲームを１００パーセント終わらせないと気が済まない。ゲームは私の競争心と負けん気に火を付けた。ビデオゲームだろうと、マーケティングキャンペーンだろうと何だろうと、やる以上は勝たないと気が済まない。

毎週末、私は新作を見つけるために、ビデオゲームを売っているおもちゃ屋に足を運んだ。このゲーム機用に私が購入しプレイしたゲームは、70を超える。ずっと後になって、

NOAのセールス及びマーケティングの副社長になったとき、このゲーム機の所有者が持っているゲームは、平均8個だと知るのだった。私はSNESのスーパーユーザーだったわけだ。

「スーパーマリオワールド」を超えて夢中になるゲームはないだろうと思っていたところ、出会ったのが「ゼルダの伝説 神々のトライフォース」だ。このゲームは私にとって、副業みたいなものになった。昼間はピザハットのマーケティングプログラムに取り組み、夕食後はゼルダを夜遅くまでプレイし続ける。このゲームのプレイには、戦略と創意工夫が必要だった。ゲームのあるパートに近づく際、敵を倒すために前線を強行突破するか、態勢を整えるために退却を選ぶかは、まさに戦略だ。先に進むためにパズルを解くところはまさに創意工夫だ。

ゲームに熱が入るあまり、1人でパズルが解けないときにニンテンドー・ゲーム・プレイ・ホットラインに電話して、助けを求めたことがある。初めて電話したとき、パズルを解くための一般的なヒントをもらったが、それでダメだったのでかけ直した。「あのう、少し前に電話したとき、他の担当者さんが一般的な解法しか教えてくれませんでした。私は答えが欲しいんです!」。少し経って、彼は答えを教えてくれた。後に任天堂の重役となった私は、そういうアドバイスはタブーだったことを知った。だが今はもちろん感謝している。

３人の子どもの一番上の息子もこのゲームに夢中になり、自分だけのゲームファイルを持っていた。寝る前に、息子は私がプレイするのをじっと見ていた。学校から帰ると、こっそりと私がどこまで進んだかチェックして、自分のゲームファイルでそこまで追いつこうとプレイするのだった。

ある夜ゲームが行くところまで行き、私はボスとの最終バトルまで来た。敵を倒せばゲームは完了だ。このとき夜中の３時で、数時間後には起きて仕事の準備をしなくてはならない。私は途中で中断して数時間寝たが、働いている間ずっと、帰宅してゲームをすることばかり考えていた。

その夜家に帰ると、息子が興奮して叫ぶのが聞こえて、私は落胆した。やれやれだ。息子は私のファイルを見つけて、最後の敵を倒そうと数時間頑張っていた。そして私が家のドアをくぐる直前にクリアし、エンドロールを見ることができたのだ。エンドロールはゲームを初めてクリアしたときにしか見ることができないため、私は二度とそれを見ることはできない。

後に任天堂に入社したとき、私は１０００人を超えるゲーム業界の重役たちの前でこの話をした。このシリーズを作り、ゲームをプロデュースした宮本《みやもと》茂《しげる》氏がエンターテインメントソフトウェア協会から、業界のチャンピオンと認定されたときのことだ。その宮本氏から「レジーさん、今の話は本当ですか」と聞かれ、私はこう答えた。「はい、ミスター・ミヤモト、本当です。私が任天堂に入る前から、あなたは私と家族に感動を与えてくれていたのです」

間違いを認める

1993年の春、ピザハットのマーケティング部長から電話を受け、要請というか命令に近いのだが、ウィチタ本社から重要なプロジェクトの担当を任された。私の区域はビッグフットピザという新製品のテストマーケットに選ばれていたのだが、部長からは全国的なマーケティングチームの一環として、本社からのプロジェクトを管轄してほしいとのことだった。私はテストマーケットを担当し、全般で指揮を執った。

私の任務は、全米共同組合を説得して、莫大な収益と利益を会社にもたらしていたビッグフットピザを全国展開させることだ。ここでも西側でのメディアフィードの構想のときと同じ問題に直面した。お馴染みの赤い屋根のイートインのレストランがあるおかげで、宅配とテイクアウトはフランチャイズ店にとってさほど重要ではなかったのだ。

テストマーケットをいくつか追加することになった。今回は自分たちで収益を実感してもらうために、フランチャイズの店舗も含む。フランチャイズ店は大きな収益の伸びを目の当たりにし、リトルシーザーズの脅威に直面しながらも、こちらの説得にはなかなか首を縦に振らない。だが最終的に構想を支持してくれたおかげで、ビッグフットピザは全米展開となり、イノベーションアワードを受賞するのだった。

私はビッグフットピザの売上成績のモニタリングを引き受けた。すると発足からほぼ半年が経ち、問題が浮き彫りになってきたことがマーケットリサーチから判明する。ビッグフットピザを低価格で大量にさばくために、製品には従来のピザハットの製品とは別の生地やチーズを使っていた。実際、クオリティとコストを見た場合、従来のピザハットよりも劣っていた。消費者もこの違いに気づきつつあることが、マーケットリサーチから明らかになってきたのだ。消費者はレシピが以前と変わらないレギュラーのピザまで、ネガティブに批評するようになり、さすがにこれは受け入れ難かった。

私はこうした結果をピザハットのリーダーたちに知らせ、ビッグフットピザのビジネスから撤退するプランを提唱した。こうした方向転換がどれほど大胆なのかを想像してみてほしい。ビッグフットピザを展開させようと懸命に努力して意見をぶつけてきた人間が、今度は撤退しようと訴えているのだ。

私は周囲を説得した。ブランドを長期的に健全に保つためにも撤退は妥当な選択で、最終的にビッグフットピザは全国のメニューから外された。

今回は私にとって根本から学ぶ機会だった。10億ドル近い収益を上げた製品を全国展開させ、賞も受賞しながら敢えて撤退を選ぶ。この経験から学んだのは、構想について長期的に考え、たとえどんなに痛みを伴っても適切な判断を推し進める必要性があることだ。失敗を認めて、早急によりよい解決策に軸足を移すことの大切さも知った。

要するに
12

リーダーは1つの考えに凝り固まってはいけない

長期的な視野で考えることは、習得するのが難しいスキルだ。ついつい私たちは新しいアイディアや構想をすぐにでも認めてもらいたいと考えがちだが、1つの決定からその先を考えて、あらゆる結果を想定したゲームプランを立てるのがリーダーというものだ。1つの考えに凝り固まって決断を遅らせてはいけない。仮説を立てて、そこから何が起こりうるかを考える。ポジティブな結果が出れば最高だが、ネガティブな結果が出た場合はそれをどう緩和すればよいかを考える。こうして様々な仮説のオプションを絞りながら、自信を持って前に進んでいくことが大切だ。

胸ときめく仕事とは何か

私が幸運だったのは、自分がビジネスのどういった面に胸躍るのかを、キャリアの早い時期に気づけたことだ。私は迅速なペースを好む。絶えず進化するビジネスに私は胸をときめかせる。だからこそレストランビジネスを楽しみ、その後のエンターテインメントやビデオゲームの世界で成功したのだ。

私は複雑なことも好きだ。ビジネスやそこから生じる問題とその解決策を考えることが好きだし、その根底を理解するためにゲームプランを立てることも好きだ。なかには複雑な問題に取り組みながら、そこから抜け切れずフラストレーションを抱える人もいる。しかし、むしろ私にとってそれは腰を据えて、問題を解決し、消費者を興奮させ、ビジネスを前に進めるきっかけとなる。

私は一歩下がって全体像を見て、困難を分析し、それを克服するために戦略を立てることを学んだ。そして今は小さくても早期に対処しなければ後に大きな影響をもたらす、そんな問題に対処するべきタイミングを学んだ。このようにバランスよく考えられるようになったこと、つまりミーティングで全体像を見て戦略的な視点を定め、それから次の問題に対して詳細を細かく見ること、これが私の根幹を成す力となった。

要するに 13

最高のリーダーとは？

私から見て、経営者は全体像の理解、あるいは逆に細かい点への対処、そのいずれかに長けている。だが最高のビジネスリーダーはその両方ができる。

場合によっては同じミーティングの中で、最高のリーダーは適宜状況に応じて大局と細部を交互に検討することができる。

ビジネスを変える

パンダ・マネジメント・カンパニー（ＰＭＣ）という、パンダエクスプレスとパンダ・インの親会社で、私はこうした行動を実践した。私がピザハットから移ったのが、このＰＭＣだ。ここで初めて部長としての役職を担い、初めてビジネス全般を運営する経営陣チームに加わることになった。

ＰＭＣは株式非公開で家族経営の会社だったが、新たなレストランを築いて新規株式公開（ＩＰＯ）を目指し、大きな収益を上げる会社へと変わりつつあった。レストラン産業の他の分野と違い、中華料理にはマーケットを主導するチェーン店がない。パンダは、世界レベルのレストランカンパニーを目指した。私はマーケティング組織を率いるためにリクルートされたというわけだ。

この職務には当時の私が望むすべてがあった。マーケティング組織は小さかったものの、自分がこれまで培ってきた考え方を持ち込み、食のイノベーションに集中して取り組むことができる。

当時、パンダエクスプレスは主にフードコートのレストランで、パンダのトレードマークはその中でも目立つ存在だった。食べ物は極めてクオリティが高く、モールのお昼の中休みの間、パンダエクスプレスのスタッフがフードコートを出てすぐの共用エリアに出向いて、道行く人に試食品を提供する。

私はこの種のインサイドアウト型マーケティング（主に組織の長所を生かしたマーケティング）をプッシュし、店舗を訪れる人を増やそうとモールを行き来する人たちに宣伝した。

成功のためのコンセプトとは？

ＰＭＣがＩＰＯを成功させるためには、強力な成長物語が必要だ。もちろん会社は新たなモールの店舗を増やし、ほとんど各店で収益を増やして、規模を拡大させていった。だが経営陣は、ハイクオリティな店舗となると、ごく限られた数しかないことを認識していて、１９９０年代半ば当時でさえそうだった。

投資家の熱心な支持を得るために必要なのは、世界のどの街角にも置けるようなレストラン、地域の夫婦経営の中華料理店と競合できて、なおかつ宅配とドライブインを兼ね備えた画期的な「ストリートストア」だ。パンダはすでにこのコンセプトを試みて失敗していた。小さな店の出店が基本だったためだ。そこで私はＩＰＯの大きなきっかけになるような、次世代のストリートストアを考案することを任された。

ところが私の案は広い支持を得られなかった。こういう疑問の声が上がった。このマーケティング担当者に、経営やレストランビジネスの何がわかるというのか、そもそも不動産のことをわかっているのか、など。確かに何より大事なのは、パンダエクスプレスの新しいレストランにふさわしい場所選びだろう。

もちろん私はピザハット時代にもあらゆる問題に直面して対処してはいたものの、自分が専門家でないことも確かだ。リーダーはプロジェクトを始める際に、スキルも素養も不十分なまま試練にぶち当たるもので、こうした状況で成功するために重要な要素が2つある。それは強いビジョンと、外部の専門家や経験から早急に学びを得る力だ。私には、パンダエクスプレスのストリートストアというコンセプトについて、明確なビジョンがあった。そしてこのビジョンを実現するために、外部の専門家に質問して学ぶ力があった。

私のビジョンは、パンダエクスプレスのレストランで、チェーン店でお馴染みの美味しいメニューをすべて出すことだ。そして客がレストランに何度も通って、しかも選んだものに飽きないように、メニューをさらに拡大させたい。ランチを自宅で食べたいと思うお客のことを考えて、座席数を絞りコンビネーションプレートを用意する。テイクアウトを中心にして、宅配とドライブスルーを将来的な視野に入れた。

レストランの稼働を変える必要もある。もうフードウォーマーは置かず、大半の料理は注文を受けてから調理する。このためクッキングステーションを増やさなければならないが、料理によって注文にばらつきがあるため、これまでの注文履歴を参考にして、店ごとに大きさを変える必要がある。クッキングステーションを増やすからには、洗い場を大きくして皿洗いの作業をスムーズにしなければならない。レジの前で混雑が起きないように、客の行列をコントロールする必要もある。

私たちはマーケティング戦略も向上させなければならない。私がピザハットのマーケティング部門の時代に学んだ通りに、まずは地域のマーケティング活動でガツンとインパクトを与えることから始めた。その役目を担うのは、レストランのオープンを告知して、メニューを紹介するダイレクトメールだ。さらに成功のためのプランを練って、マーケティングを拡大させるのにどれくらいの数の店舗が必要なのかを考えて、ラジオやテレビのＣＭなどのマスマーケットのコミュニケーションを取り入れる。

私が思い描いたビジョンは、会社がこれまで考えていた選択肢とは大きく違っていた。私は様々なアイディアを追求するよう強く促した。タスクフォース・チームはイノベーション追求の一環として、中華料理やアジア料理以外のレストランも含めて、ファストカジュアルレストランを広範囲に訪ねてリサーチした。これらの他のコンセプトから、多くのアイディアを拝借する。「盗んだアイディアを再活用する」が、私にとってもう１つのモットーとなるのだった。

こうした新たなパンダエクスプレスのレストランは、外見も稼働ぶりもまったく変わった。これはつまり、私が社内の各専門家から学んだ成果ということだ。私はお客の見えないところまですべて学ぼうと、オペレーションリーダーにあれこれ質問した。パンダ・インの店舗を訪ねて、調理の手順の一部を新たなコンセプトに取り入れた。新たな手順を作る際も、それが機能しているかをオペレーションチームがその都度確認する。新たなアイディアに反発は付きものだから、手順を定めてチェックし結果を最適化するプロセスに、最初からこうした専門家たちを加えた。当初の反発を抑えるにはそれが一番だった。

不動産の専門家を連れて、最初の２軒のテスト店舗の場所を精選した。１つはトライアルの一環として、ドライブスルー用に区画された場所。もう１つはもっと近隣の状況を考えて、近くに会社がありレストランがランチで混むような場所だ。ランチとディナーの分量のバランスを取ることは、私がピザハット時代に得た重要な学びだった。

新たなストリートストアのコンセプトでは、モールの小さな店舗とは違うレジが必要になる。シェフが調理の順番を把握できるようにさせなければならない。

最終的に以上のコンセプトすべてを、経営陣チームとＰＭＣの取締役会に売り込む必要がある。何より重要なのは、その先の相手がアンドリューとペギーのチェン夫妻であることだ。２人が最も重要であり、最も手ごわい相手だ。なにせ専門家だし、このビジネスを自分たちの手でゼロから立ち上げた人たちだ。２人からすれば私が提案するコンセプトは複雑だったが、この新たなストリートストアを実践する詳細なプランを承諾して、そこに可能性を見出してくれた。

新たな店舗の１軒目に選んだ場所は、カリフォルニア州のマンハッタン・ビーチだ。建設中の店を訪ねてみるとキッチンは仕上がっており、そこで私は作業が想像した通りに進むかを確認するために、まず調理の流れをチェックした。店の稼働具合をプレッシャーテストするためにピーク時をシミュレーションすると、修正すべき欠点も見えた。ストレスフルな忙しさだったが、開店の日が近づくにつれ活気が増していった。

要するに
14

常に根本から考えなければならない

イノベーションを成功させるためには、常に以下の根本について考えることから始めなければならない。それは今いる会社やブランドの主なエクイティ（価値）、あるいは自分が解決に取り組んでいる主な問題だ。

自分のビジネスについて考察し、利益率を上げる主な手段について深く考える。消費者にとって自社のブランドが何を意味するかを考える。特に大切なのは、消費者が選ぶ他社の製品と自社ブランドの、どこがどう違うのかを考えることだ。

パンダエクスプレスの根底にあるのは、美味しい料理と、従業員が提供する素晴らしい体験だ。新たなストリートストアではあらゆる面を変えたものの、そこだけは残した。結果的に料理、そしてお店での体験によって、競合するレストランとの差別化が生まれ、ブランドのコアベネフィットがもたらされた。

正しい行動が正しい結果をもたらすわけではない

全般的に、ストリートストアのコンセプトで採算を取るには、平均して年間100万ドルの収益が必要だった。そのためにはこれまでのストリートストアの3倍を超える実績が求められる、そう考えるとこれは極めて高いハードルだった。

マンハッタン・ビーチの店舗は、目標額をはるかに超える収益を上げてスタートし、そこからさらに伸びていった。お客からのフィードバックもおおむね好評で、料理のクオリティも抜群だ。しかも当初の予想よりはるかに多くのお客が集まっていたものの、待ち時間も統制できていた。この店は会社にとっても私にとっても、大きな勝利だった。

私のパンダの在職期間が思いのほか短くなったのは、アンドリューとペギーがIPOに対して考えを変えたためだ。新たなストリートストアは、会社を成長させる大きなエンジンになってきたものの、2人は株式非公開のままにして成長のスピードを緩めたいと判断したのだ。

会社に招かれた重役は、1人また1人と辞めていった。私たちはこの素晴らしい会社を劇的に新たなレベルに持っていけると考えて、わざわざ大きな組織から移ってきたはずだ。

業績は好調でも小ぶりな運営の一部になるために、契約書に署名したのではない。

アンドリューとペギーとの話し合いは、とりわけ心が痛むものだった。２人は私の仕事を評価してくれて、会社の運営を私に任せる案も思い描いていた。私は人間的に２人のことが大好きだったし、そう伝えた。２人は新たなコンセプトの店を私に任せてくれたし、私は経験を通じて成長していた。だが最終決断は常に創業者で株主である２人に委ねられる。しかも方針転換してＩＰＯを断念する決断を下すなど、２人は必ずしも有言実行を伴わない。この時点で私は会社を去る決意をした。

要するに
15

あきらめなければならない際に大切なこと

成功するためにすべきことはすべてやった。それにもかかわらず、もはやあきらめざるを得ない場合がある。これはビジネスでもプライベートでも起こりうることだ。こうした状況では頭を空っぽにして、自分が直面する現実を把握する。その時点で、腹を立てたり誰かのせいにしたりせずに、最善の決断を下すことが大切だ。

別の道で見つけた教訓

私の家族全員が東海岸に住んでいたので、私はそこのジョブサーチに集中した。レストラン産業に1件手ごたえがあり、もう1件はかつて在籍したのと同じパッケージ商品の業界だ。これまでずっと以前とは別の道を歩んできたこともあり、今回もレストラン産業から離れることを選択した。

その別の道とは、ギネス・インポート・カンパニーだ。ギネス・スタウトを始めバス・エール、ハープ・ラガー、ピルスナー・ピルクウェル、レッド・ストライプ・ペール・ラガーなどを扱う、プレミアムの輸入アルコール飲料の販売、マーケティング、流通を行う会社だ。様々なブランドを取りそろえている他にも、ここに決めようと思った決定的要因がある。P&Gでかつて同僚だったゲイリー・マシューズが上司になるからだ。

ゲイリーと私は、P&Gでは一緒に仕事をする機会はなかった。彼もP&Gを辞めてペプシコで働いたが、そこでも彼とは接点がなかった。だが私たちにはビジネス戦略とブランディングにおいて共通のフレームワークがあり、迅速に動いて収益を上げるために攻めていきたいという情熱も同じだった。

ギネスでゲイリーと一緒に仕事をすることで、私は自分にとってのいくつかの重要事項を再確認することになった。

まず、大きな成長を促すためには、必ずしも斬新なアイディアは必要ないということだ。既存のアイディアを徹底的に具体化するのは、むしろ素晴らしいことでもある。私が入社したとき、ギネスはすでに「自分のパブを手に入れよう」というキャンペーンを実施していた。エッセーのコンクールを開催し、優勝者にはアイルランドのパブをプレゼントというプロモーション。自分のパブを手に入れて、パイントグラスでギネスを飲むライフスタイルを満喫し、アイルランドで暮らすというコンセプトは、このブランドを愛する人にとってまさに夢の実現だ。このアイディアを考案したチームは、すでにバーや広報活動でプロモーションを展開していたが、販売店にはまだ積極的にプッシュしていなかった。

ギネスは、ドラフトの缶ビールをちょうど世に出すところだった。私はギネスの缶のドラフトと紐づけて、「自分のパブを手に入れよう」のプロモーションを販売店にも展開させてはと会社に強くプッシュし、これが大成功となった。製品とウィジェット（クリーミーな泡を出す仕掛け）の画期的なところも消費者に好評だった。販売店も、国内ブランドよりも輸入ビールのほうが利益率と利益が上がるおかげで、プログラムを気に入った。

既存のアイディアを借りてこれを素晴らしい形にすることは、成功のために非常に有効な方法だ。

上司の気質

ギネスの時代に学んだ2つ目の教訓は、素晴らしい上司抜きには成功できないということだ。

ギネスで素晴らしい結果を残したゲイリーは、昇進してイギリスでさらに大きなビジネスの運営を任された。私は会社では比較的新参だったため、彼の仕事を引き継ぐことはなく、後任となったのはギネスのアイルランド支店から来た重役だ。

祖国を離れて、しかもアメリカ国内の酒に関する法律の複雑さを学ぶことは大変だっただろう。会社で高い業績を維持するプレッシャーもあっただろう。その仕事に不慣れなこともあっただろう。それなのに私の新たな上司は、自分がうまく行かないのは私のせいだと決めつけた。初期の人事評価の場で彼はこう言うのだった。

「レジー、君はポジティブすぎる……あまりに楽観的なんだよ」

「どういうことでしょう」

「君は常にアイディアを練り上げ、みんなを向上させようと頑張ってくれている。それはいいことなんだが、時には撤退することも大事だよ」

言うまでもなく、そんなことを言われてから、私はギネスに長く留まることはなかった。

鼻持ちならない人で、一緒にいて学ぶこともなければ、楽しいこともなかった。

私にとって幸いなことに、前の上司のゲイリーもギネスＵＫでの経験を楽しんでいなかった。彼は会社を辞めてダービー・サイクル・コーポレーションという、プライベート・エクイティに支えられる自転車ビジネスのベンチャーを率いることにした。強大なグローバルネットワークを構築することを目指して、強力な自転車ブランドを買収しようと考えていたのだ。彼は私にＣＭＯ（最高マーケティング責任者）として、このベンチャーに参加してくれと言ってきたのだった。

要するに
16

最高の上司と並の上司

素晴らしい上司は新たな価値を教えてくれる。自分のアイディアを上書きしてくれる。社内の政治や厄介な同僚との人間関係を取り持ってくれる。自分の経験を教えて成長を促してくれる。最高の上司は自分の部下のほうが優秀であっても、脅威を感じることはない。こうした状況で素晴らしい上司は部下からも学び、行く手を阻もうとすることはない。

時に並の上司に出くわすこともある。こうした状況でも学びながら会社に貢献し続ける限り、うまく対処することができる。だが上司が足を引っ張るような人物であれば、なるべく早急に離れたほうがいい。会社が好きで辞めたくなければ、ダメな上司から逃れられるような任務を強く求める。これができなければ、他に目を向ける。有害な上司からは優秀な人間は去っていく。結果的にこれが負のスパイラルとなり、この上司は別のチームや部署、組織に移ってそこで人をこき使うことになるのだ。

新たなビジネスサイクル

当時のグローバルな自転車産業は、多数の小さなブランドが占め、かなり分散していた。大きなブランドはわずか一握りで、その最大手は日本の部品会社のシマノだ。こうした構造のため、自転車メーカーの利益率は低かった。ダービーはまったく別のアプローチでの競争を目指していた。任務の一環として、私は製品開発を担当した。自社の多様な製品のスペックを統一させるのが目的だ。

優れたロードバイクはフランスやイタリアやアメリカでも同じであるべきだと、私は考えた。製品開発のプロセスを統一しないまま、私たちは何十万種類もの部品を無駄に仕入れていたわけだ。アプローチを練り直せば、シマノみたいな部品会社との交渉を有利に持っていけるだけの力がうちにはある。そしてベスト・イン・クラスのデザインがあれば、私たちはよりクオリティの高い自転車を提供して、なおかつ利益率を上げることができるだろう。

そして考えたのがインターネット戦略だ。ブランド、スペック、色の膨大なカタログの中から選んでオンラインから注文すれば、数日後に地元の自転車店に取りに行き、自分の体型に合うように調整してもらい、そのまま家に乗って帰れるようにする。地域の自転車店のオーナーはスペースも銀行からの融資も限られ、持ち合わせの在庫もわずかだっただけに、これは大きなアイディアだった。文字通り数百通りの自転車のオプションを消費者に提供できる。

これは１９９９年当時としては破天荒なアイディアだった。全体的に戦略は軌道に乗っていた。私たちは素晴らしい自転車を作って、消費者の反応もすこぶるよかった。インターネットの自転車ショップのアイディアを試して、これもうまく行った。その勢いで私たちはビジネスプランを作って、プライベート・エクイティの投資家に対してビジネスが劇的に成長することを示した。

ところが、投資家たちはこれに二の足を踏んでしまった。自転車ビジネスは、ビジネスサイクルの期間中に膨大な額の現金を使う。部品を秋に発注して冬に自転車を製造する。それから春に自転車ショップのオーナーに届ける。小さなビジネスのオーナーは一般的に60日間の支払い猶予期間を求めるため、夏になるまでダービー・サイクル社に現金が入ってくることはない……。つまり構成部品に多大な出費をして、元が取れるまでに9カ月。部品工場からのクレジット（＊商品を仕入れた際の支払い延期）が得られても、キャッシュ・コンバージョン・サイクル（＊仕入れ代金の現金投入から、売上代金の現金化までにかかる期間）は非常に長い。投資家たちは、成長プランに基金を投入するために、さらに現金を提供しなければならなくなるのだ。

プライベート・エクイティの投資家たちは、このビジネスモデルを気に入らなかった。彼らが好むのはあまり現金の必要ないビジネスだ。私たちは自分たちのビジネス成長プランと、ビジネスに投資してほしい現金の額を新たに提示して、彼らをひるませてしまったようだ。彼らは私たちにプランを縮小して、成長のスピードを緩めるよう求めた。私たちは前のめりすぎた。

経営陣チームは、投資家たちが提示したスローな成長プランを支持しなかったため、せっかく私が参加した野心的なチームは、またしても解散するのだった。

これもまた重要な教訓だった。今の会社の中にこれしかないという新たな仕事や職務を見つけたと思って意気込む。同僚と懸命に絆を作り、新たな機会の詳細を学び、素晴らしいワークプランを考える。ところが事態は間違った方向に行ってしまうこともある。

時に与えられた職務が自分に不適で、本人が必要なスキルを持ち合わせていないこともある。こういう場合、助けを求め、必要なトレーニングを受けなければならない。これは何も恥ずべきことではないし、大半のマネージャーは必要とあらばすぐに助けてくれる。最高のマネージャーはあなたを指導してなすべきことを示してくれる。ただしそれはあなたのためではなく、トレーニングを積ませて、会社が求めるスキルを確実に身に付けさせたいからだ。

またあるときは、組織の上層部があなたのプランを受け入れてくれないこともある。こうした状況では、反対意見に真剣に耳を傾け、向こうが掲げる批判的なポイントを理解する必要がある。それからこうした反対意見を凌駕する新たな情報を伝えなければならない。伝えるのは新たな情報やアイディアであって、既成の事実や見方をプレゼンし直すことではない。

新たな情報をことごとく集めたことによって、自分が提案したプランへの思いがさらに強まることもなくはない。それでも経営陣が受け入れてくれないとしよう。この時点であなたには明確な代替案が2つある。1つは負けを受け入れ、組織に従い、次の構想へと進むこと。これをポジティブに行い、組織のほうが自分よりこの点では深い洞察力や広い視野があるのだと割り切る。そして経営陣に文句を言わずに、仕事に集中する。

もう1つは前に進んで別のことに移ること。ここでも後悔したり恨み言を吐いたりはしない。やってはいけないことは、今の任務や組織に留まって、自分が納得いかない決断を強引に覆してしまうことだ。こうした振る舞いは組織全体にダメージを与え、壊滅的なほど信用を失ってしまう。

要するに
17

常に選択肢を用意しておく

状況がどうであれ、大切なのは次のステップを選んで視野に入れておくことだ。時に自分が正しいと強く思っても、上層部からは間違っていると言われることがある。そんなときはよく考えて、今の状況を分析し、別の選択肢のゲームプランを練る。自分の自尊心を傷つけられたことに反発しているだけなのか。あるいは自分は正しくて、場違いの会社の場違いな地位で、場違いな上層部を相手にしているのかどうかをよく考える。

常に別の選択肢を用意しておくことが大切だ。

音楽の世界へ

この頃は私にとって大変な時期だった。プライベートでは口論が絶えなかった妻と離婚に至った。

仕事の面でも、私は困難な状況に陥っていた。パンダ、ギネス、ダービー・サイクルと2年ごとに職を替えてきた。替えるごとに責任とグローバルな経験こそ増していったが、飛躍的であるはずのキャリアの道も、履歴書ではさほど輝かしくは見えない。次の職務について極めて慎重に考える必要があった。

私は人脈のネットワークを利用して、様々な重役と面接して会社を探した。この時期に何より役立ったのは、Ｐ＆Ｇにいた頃から業界の枠を超えて築いてきた貴重なコネクションだ。それぞれの会社の在籍期間が2年という短い職歴が心配ではあったが、当時住んでいたニューヨークのメトロポリタンエリアの優良安定企業が、私に関心を持ってくれていた。

特に、ペプシコの重役との面接がとても順調に運んでいた。もう1つの機会はこれとはまったく違う。私はメディア・コングロマリット（＊業種の異なる事業を多数抱えた企業体）、バイアコムのエンターテインメント・ビジネスの面接に臨むことになった。職務はＭＴＶ

ネットワークの1つである、VH1のマーケティングSVP（シニア・バイス・プレジデント）だ。

魅了される訳を明確にする

この職務にいろんな意味で私は胸を躍らせた。VH1はチャレンジの時を迎えているようだった。大ヒットしたテレビシリーズや、VH1がプロデュースしたスペシャルイベントを超える次のものを模索しているらしかった。人によってビジョンは様々なものだが、こうしたビジョンを1つにまとめて、それを前に進める人材を求めていた。

何より重要なのは、エンターテインメント・ビジネスが私にとって新たな経験となることだ。以前と同じ道か、それとも違う道かの選択に迫られたとき、私は常に違う道に進むほうを選んでいる。新しくてこれまでと違うことにトライしたい。だから自分が新しい分野に魅了される理由を明確にする。そうすることで状況に見合う新たなアイディアを出し、どうすれば消費者にその価値を伝えながら、予想を超える形で需要に応えられるかを考えるようになる。「価値を伝え、かつ予想を超える」ことも また、私にとってのモットーだ。このモットーに従って、私はソフトドリンクやショートニングなど、多様な製品の広告で賞をもらった。

ＶＨ１は私にとってコンテンツビジネスに参加する初めての機会だった。このビジネスを引っ張っていくのは、クリエイティブな才能を持つ人たちだ。視聴者はよほど魅力的なショー番組でなければ、わざわざ見ようとはしない。プロデューサーや構成作家は、視聴者にそんなインパクトを与えるショーを作る重要な才能の持ち主だ。

一方で私のような重役は、台本を読んでショーの青写真を批評し、最終段階で変更を加える。息のかかった才能を持つクリエイティブな人たちがいなかったり、いてもその才能を発揮できなかったりすれば、コンテンツは素晴らしいものにはならない。

これは私にとって大きな転機だった。これまでの職務では、自分が中心となって製品を動かしていた。戦略を作り、計画を前に進めていた。だが今回は違う。もっと周囲と協力し合いながら、背後からそれとなくチームの背中を押すようなアプローチにしなければならない。

任天堂入社後にも生かされたこと

私はショーのプロデューサーと時間をかけて話し合い、彼らがコンテンツについてどう考えていて、どうすれば活気あるコンテンツになるのかについての理解に努めた。さらに、番組の合間に流れるメッセージを考えるクリエイティブチームとも一緒に仕事をした。インタースティシャル広告と呼ばれるこうしたクリエイティブなパッケージによって、視聴者が番組の終了後もそのままチャンネルをＶＨ１にしておくか、あるいは別の番組を見ようとチャンネルを替えるかが決まる。このメッセージの重要性について私は理解を深めていった。

その後任天堂に入ったとき、私は消費者にメッセージを伝えてゲームやイベントを次へと導き、会社が常に注目を集められるよう、集中して取り組むことになる。私たちは新しい時代に向けて、自分たちのマーケティングコンテンツを作り、インタースティシャル広告のメッセージをより高いレベルへと持っていくのだった。

クリエイターの才能を尊重しながら共同で仕事を行う方法を学んだおかげで、ＶＨ１時代の私はインターネットの理解を深め、それがゲーミング、エンターテインメント、インターネットの３つを組み合わせるビジョン作りに役立った。

ゲームの持つパワー

当時ＶＨ１のウェブサイトは、番組のリストをもっと掘り下げて紹介するカタログにすぎなかった。番組の情報を掲載しているから、その日の遅くに放映されるショーのタイトルを見つけるのに役立つくらいだ。２００１年の基準から見ても、サイトはあまり充実しているとは言えなかった。「見るのが癖になる」レベルのサイトでなければ、視聴者はわざわざ時間をかけて見続けることはない。

　私はサイトをもっとうまく収益化させる方法をプッシュした。これまで会社はネットでもＶＨ１ＴＶチャンネルの広告を出していたが、ネット上のバナー広告（＊コンテンツに表示される広告で、クリックすると商品のサイトに行くようになっている）は広告費の増額がないままウェブサイトに掲載されており、これが悪循環だった。ウェブサイトでは閲覧者を留めておくことができずに閲覧数は低く、閲覧数が低ければ広告にとっても掲載する価値は低く、収益も増えない。そうなるとウェブサイトのアップグレードに投資するのも難しくなり、サイトは貧弱なまま。私たちはこの悪循環を断ち切る必要があった。

　私のアイディアは、閲覧者の数を増やし魅力を高める、新たなコンテンツを作ることだ。エンターテインメントの重役として、そしてプレイヤーとして、私は一般消費者の時間をますますゲームが占めていっていることに注目した。ＶＨ１のターゲットオーディエンスである、25歳から34歳までの人にとってはまさにそうだ。私はＶＨ１のウェブサイトでゲームができるようにして、番組とタイアップしてより多くの消費者とつながりたかった。私たちはチャンネルの収益を上げる原動力として、このコンテンツにスポンサーを付けようと考えた。

　このアイディアにはさらなる利点がある。ＶＨ１の誰もゲームに関わった経験がないため、私が自分でアイディアを進めることができる。そこでＶＨ１のウェブサイトに掲載するコンテンツ作りに興味を持ってくれそうな、才能あるデベロッパーを見つけようと、私は自分の人脈に当たった。

その過程で幸運にも出会ったのが、グーハとカーシックのバラ兄弟だ。２人はニューヨーク北部に小さなスタジオを創設し、バイカリアス・ビジョンズというデベロッパーを名乗っていた。

要するに 18

職務や責任の枠を超えてみる

イノベーションを成功させるには、組織のカルチャーも関わってくる。あなたの職務が何であれ、今の責任の枠を超えても構わないくらいのつもりで、組織の価値を高める方法を探してほしい。素晴らしいアイディアは実際どこからでも、誰からでも得られる。リーダーとしての職務の一環として積極的に進めてほしい。

そうかといって、常に新しいアイディアばかりを追求しろということではない。現状のリストを常に用意しておく。資金をさほど追加する必要がないくらい、強力なアイディアが埋もれていないかチェックする。もっと大きくて複雑なアイディアに対しては、収益の可能性とこれに伴う出費とのバランスを横目で見ながら順次評価していくことが大切だ。

バラ兄弟と私はすぐに意気投合した。2人はハイスクール時代からゲームを開発していて、少し前にゲームデベロッパーの大きな会議で賞を受賞したばかりだ。2人が作ったゲームは程よい難易度と楽しさのバランスが取れていて、プレイヤーを飽きさせない。バラ兄弟は任天堂のゲームボーイなどのプラットフォーム向けに、時間をかけてゲームを作っていた。

その一方で自分たちの小さなスタジオのキャッシュフローを増やすために、小ぶりのプロジェクトにも関わりたいと考えていた。2人は私がデベロッパーの会社に求める基準、つまり新たなアイディアを受け入れ、新たな収入源に対してもオープンに受け入れるという条件に合致していた。バラ兄弟と私は、私の任天堂在籍中も一緒に仕事を続けるのだった。

こうしてゲーミングプロジェクトが勢いを増していった頃の2001年9月11日、あの事件が起こった。

9・11と危機管理の教訓

運命の火曜日の朝、私は朝のミーティングがあったから、7時半にはオフィスにいた。その日の朝、私はテレビのチャンネルを『ザ・トゥデイ・ショー』に合わせていた。私のチームのメンバーが9時のミーティングに集まってきたとき、『ザ・トゥデイ・ショー』は世界貿易センタービルのノース・タワーから立ち上る炎や煙の映像を流していた。そのときは、通勤用の小型飛行機でも衝突して事故に巻き込まれたのだろうと思われ、私たちはミーティングを続けた。

私の後ろにテレビがあり、社員の1人が固唾を呑んで私の肩を指さした。今度はサウス・タワーが攻撃されたのだ。私たちはテレビの音量を上げて放送に耳を傾けた。たちまち、飛行機が故意にツインタワーに衝突したことが明らかになった。私は各自のオフィスに戻って帰宅の準備をするよう、チームに言った。

アシスタントのコニーはクイーンズ区からの通勤で、彼女もまた早くに来ていた。私は彼女に、外部のクライアントに連絡してその日のアポイントをキャンセルするように言った。さらに数分間『ザ・トゥデイ・ショー』の放送を見ていると、この災害が事故からテロリストの攻撃との見方に変わっていった。

頭の中でいろんな思いが巡っていると、コニーが真っ青な顔でオフィスのドア口から私を呼んだ。「レジー、ビルの保安室から電話です。あなたと話がしたいと」

保安室が重役に電話することは決してない。各通路と各ビジネスユニットに、ビルのオペレーションを管理する人たちが特別に配属されている。彼らから連絡が来るのは、何らかの問題が生じたときしかない。コニーが震えていたのはそのためだ。

電話に出るとビルの保安室から、各ビジネスユニットのリストを今チェック中で、オフィスにいる幹部に連絡を取っていると言われた。ＶＨ１の担当が私だ。

「ミスター・フィサメイ、さらに攻撃があるかもしれません。うちのビルはマンハッタンのミッドタウンでもとりわけ高層のビルなので、次は私たちかもしれない。ビルからの退去を促そうと取り組んでいるところで、協力してＶＨ１から全員を避難させてほしいのです」

これを聞いて私は我に返った。それから90分間、私はオフィスからオフィスへと回り、スタッフに何事が起きているかを告げ、退去するように言った。私は入社してまだ半年で、もっと大きな部署のスタッフの一部とは、２、３回言葉を交わしただけだが、状況が状況なだけに、気持ちを込め断固とした態度を取った。

一部のスタッフはこっちが退去を促すまでもなく早急に対応したが、ギリギリまで仕事をしていて、もっと強くプッシュしないと出ていきそうにない者もいた。なかにはちゃんと荷物を詰めてビルを出たかを、こちらが数回戻って確認しなければならない者もいた。最後にビルの警備担当者と一緒に戻ったのが午前11時くらい。それからコニーも帰宅させ、ＶＨ１のフロアが安全であることを確かめた。この時点で、２つのタワーはどちらも崩壊していた。私は自分のカバンをつかんで、数日オフィスを留守にする準備をした。何が起きているか誰にもわからない。わかっていたのは、我が社のビルが閉鎖されるということだけで、いつ再開するか見当も付かない。

　次に大変だったのは、コネチカット州の自宅に戻ることだ。運よく駅を出る始発の電車に乗れて、やっと目を閉じてその日のことを振り返る余裕ができ、私は運がよかったことを実感した。被災現場からは離れていたし、しかも家に帰ることができる。目を開けると、同じ車両に頭から足元まで、真っ白に粉塵をかぶった男性が１人で座っていた。どう見ても彼は被災現場の近くにいたようだ。

　この危機の際に、私は目の前の業務に集中し、頭を真っ白にしてそれを終え、前に進み続けた。パニックもなければ、ドラマもない。ただやるべきことを済ませて前に進んだだけだ。

要するに
19

トラウマになるような出来事をくぐり抜けるには

残念ながら、トラウマになるような出来事は発生の頻度を増しているようだ。組織がこうした難局をくぐり抜けるために、「最高の励まし役」として振る舞うのがリーダーだ。

その際に大切なのは、部下を信頼してその気持ちを汲み取りながらも、ぶれずに価値観を持ち続けること。これらの重要性は決して軽視できないと私は思う。そして信念を持って行動すること。対応を誤れば、自分と会社の名声まで損ねてしまう。

第３章

ピンチかチャンスか?——任天堂からの電話

ＶＨ１で成功したものの、私はこのチャンネルの方向性を自分の手で掌握できないことに業を煮やしていた。自分が関わったからには常に構想を実現していきたい。Ｐ＆Ｇやピザハットでは初めての職務だったものの、私は常にビジネスの未来を築く、重要かつ変革的なプロジェクトを指揮していた。ＶＨ１ではそれができていない。

基本的に、視聴者に番組の最初の数分を見てもらうよう促すことが私の責務であり、その後の強力なコンテンツで視聴者を釘付けにするのは、クリエイターやプロデューサーの役目だ。

２００３年の春までに、私は状況を変える準備を整えた。幅広い業界の会社の人たちと話し合うようになり、自分のすべてのスキルと能力を発揮できる職務を探した。
その年の夏の終わりに、任天堂のリクルーターから電話をもらった。セールスとマーケティングの次の代表を探していたのだ。

任天堂の凋落

このとき任天堂は苦境に立たされていた。２年前の２００１年、ホリデーシーズンに向けてマイクロソフトは「Ｘｂｏｘ」を引っさげ、ビデオゲームのビジネスに参入した。任天堂もこれに対抗すべく、家庭用のゲーム機である「ニンテンドー ゲームキューブ」を発売する。だがどちらのシステムも、その前年に発売されたソニーの「PlayStation 2」の前に霞んでいた。

ゲーム機は、そのプラットフォームで利用できるゲームソフトに命運を左右される。大手のゲームデベロッパーとパブリッシャー（*ゲームコンテンツの販売者）は、大きな消費者基盤を持つプラットフォームをサポートしたいと望み、これを擁する会社に対して財政的支援の交渉を求めていた。

ソニーにはプレステ２でいくつかの優位な点があった。

①初代プレステの成功

まず、前システムである初代プレステを成功させており、この伝説的なプラットフォーム用に作られたゲームを、プレステ2でもプレイできるようにした。このように以前のゲームを使用可能にするのは、ゲーム産業の家庭用ゲーム機では初めての試みだ。おかげで初代のプレステを持っている人も、新たなシステムにアップグレードしやすくなった。

②コスト的なアドバンテージ

2つ目に、ソニーはゲームの媒体として、光ディスク中心のテクノロジーを使っていた。「ニンテンドー・エンターテインメント・システム（ＮＥＳ）」（ファミコンをベースに日本以外の各国への対応を施したゲーム機）、「スーパー・ニンテンドー・エンターテインメント・システム（ＳＮＥＳ）」（スーファミをベースに日本以外の各国への対応を施したゲーム機）、「ＮＩＮＴＥＮＤＯ64」のプラットフォームにおいて任天堂はカートリッジを使っていたが、それに比べて光ディスクは安価で複製できる。

これがプレステにとってコスト的なアドバンテージとなり、ソニーのゲームはデベロッパーにより大きな利益をもたらした。こうしてデベロッパー側が多額の著作権料を手にし、結果的に外部の最大手のパブリッシャーが、ソニーのプラットフォームに対して優先的に、あるいは独占的にゲームを提供するのだった。

③ＤＶＤプレイヤーとしての役割

３つ目に、ソニーはＤＶＤのテクノロジーを消費者の家電空間に導入し、プレステをＤＶＤプレイヤーとして単独で使うことができるようにした。実際、プレステ２はＤＶＤプレイヤーとコストは同じか、それ以下だ。これを機にホームシアターを持とうと考える消費者には、ゲームを楽しむ機会が与えられた。

私がリクルーターから、アメリカ任天堂（ＮＯＡ）のセールスとマーケティングのＥＶＰ（エグゼクティブ・バイス・プレジデント）という職務の打診を受けた頃、任天堂のゲームキューブとマイクロソフトのＸｂｏｘの売れ行きは、それぞれソニーのプレステ２の３分の１にも届かなかった。

私自身、このときもまだテレビに接続するスーファミや64のシステムを持っていたので、自宅で任天堂の凋落を実感していた。しかも新たなシステムがプレステ２と同時期に登場していた。リクルーターの電話を受ける直前に、私のリビングに届いていたのがＸｂｏｘだ。私はあらゆる現行のゲーム機を持っていたが、そこに任天堂のゲームキューブはなかった。

私は地元のゲームストップ、ベスト・バイ、トイザらスといった店の常連客で、この３

つの店すべての店頭販売員と話すのが常だった。彼らは口々にプレステ2について熱っぽく語った。もう一方のＸｂｏｘは独占ゲームのラインアップははるかに少なかったものの、本体からオンラインサービスに接続できることに、多くが胸を躍らせていた。

一方で、私がゲームキューブについて質問すると、彼らは予備在庫が増えていること、つまり店頭では売れずにサプライチェーンをふさいでいることをほのめかしていた。

当時、ゲームキューブで勝負に出ていた任天堂は、ゲームボーイで小型ゲーム機のマーケットを支配していた。２００１年、任天堂はアップグレードモデルのゲームボーイアドバンスを投入する。任天堂は有利に立つために、このプラットフォームでもゲームボーイのソフトを使えるようにした。通称ＧＢＡことゲームボーイアドバンスは、爆発的なヒットとなった。

任天堂は「マリオ」や「ゼルダの伝説」などの知的所有権をすべて使って、手持ちサイズの小型ゲーム機のビジネスをリードし、初代ゲームボーイのライフサイクルの末期には、「ポケモン」という現象を世に出すのだった。

ソニーは常にこうした任天堂の小型ゲーム機の独占をうらやんでいた。ソニーは１９８０年代と90年代に、ウォークマンというミュージックプレイヤーで小型電子機器の分野を席巻していただけに、ゲームマーケットでもそれを再現したいと考えていた。

そこで２００３年のエレクトロニック・エンタテインメント・エキスポ、通称Ｅ３において、ソニーはＰＳＰ（プレイステーション・ポータブル）で小型ゲーム機マーケットへの参入の意志を表明する。このときは名前を発表しただけだが、そのニュースを受けて任天堂の株価の下落は10パーセントを超えた。

任天堂にとっては最も収益のあるビジネス、しかもマーケットシェアで確固たる支配を維持していた唯一のビジネスである小型ゲーム機が、まさに窮地に立とうとしていた。私が任天堂と会社の将来について話した背景には、このことがあったのだ。

キャリアの決定的な分岐点

私はこの転職について、信頼の置けるメンターや仕事のパートナーに相談した。するとほぼ全員がやめたほうがいいと言った。

「任天堂は落ち目だ」

「日本の会社で働くのはハイリスクだ」

「太平洋岸北西部だったら、家族や友人たちと離れることになるぞ」

「ゲームなんて、世間の認知度も低いスモールビジネスだ」

彼らの言うことは何もかも的を射ていた。だが私の考えは違った。

私はこの業界を消費者の視点で理解していた。ジュニアハイスクール以来、ビデオゲームを時々楽しんできた。まずコレコとアタリが世間の注目を集め、多くのお粗末なゲームを出して失敗したことを目の当たりにしていた。

その後任天堂がイノベーションと高品質のゲームに特化して、ゲームビジネスに新たな命を吹き込んだのを見てきた。それが今の世代機でソニーやマイクロソフトにその地位を譲りつつあるのが、自宅にいてもわかった。

任天堂のゲームシリーズについても知っていた。これまで「マリオ」、「ポケモン」、「スマブラ」などあらゆるゲームをやってきた。なかでも大好きだったのは「ゼルダ」のシリーズだ。ゲーム好きは子どもたちも同じで、自分でゲーム体験を広げていった。ここからも、我が子と同年代の子たちが自分で稼げるようになれば、ゲーム産業はさらに著しく成長していくことが窺える。

子どもたちのゲーム好きが、そのまた子どもたちにも伝わる未来が想像できる。私はこの産業に輝かしい未来が見えた。ただしそれを実現するためには、きちんと主導していかなければならない。

要するに
20

分析的思考と「心の奥の」直感が必要

若くても専門的スキルを身に付ければ、キャリアの大きな岐路に立たされる機会は以前よりも早く、いきなり訪れる。こうした決断をするには、分析的思考と「心の奥の」直感が求められる。

リサーチをしっかり行う。公式に入手できる情報すべてに目を通し、会社を下調べする。その会社のサービスを試して、顧客の声を聞く。会社の強みと弱みを天びんにかける。長期的に見て勝てる力があるか。自分のスキルがその会社の需要に見合うものか。

そして自分の直感と経験を使って考えることも必要だ。経験には競合会社と関わったことを始め、製品やサービスの消費者としての自分の経験も含まれる。

なおかつカルチャーについても考える。自分に合っているかを検討する。

そしてひとたび前に進むと決断したら、すべてを懸けて、全力を出して最後まで従う。

私は任天堂が直面する主な問題と、自分ならそれをどう解決するかを、何ページもメモに記した。友人やメンターはやめておけとアドバイスをくれたものの、私なら任天堂を変えられると判断し、すべてを懸けることにしたのだった。

入社までのプロセスは、リクルーターとのビデオ会議から始まった。後に知ったのだが、これは録画され、ＮＯＡのスタッフに社内で共有された。このビデオに基づいて、私はワシントンのレッドモンドにあるＮＯＡの本部に招かれた。ピーター・メイン（ＮＯＡの初代セールスとマーケティングのＥＶＰ）、ハワード・リンカーン（元ＮＯＡのチェアマンで、その後当時山内《やまうち》 溥《ひろし》氏とＮＯＡが株を過半数所有していた野球チーム、シアトル・マリナーズのＣＥＯとなる）、君島達己氏（当時ＮＯＡの社長）らの過去と現行の重役たちと、丸１日かけて面接を行った。

ＮＯＡの人事部長だったフリップ・モースと、ランチを兼ねて積極的なやり取りをしていたとき、私の入社はあやうくご破算になるところだった。私が社員の研修や育成について、フリップにいくつか基本的な質問をしたのがいけなかった。「レジー、ここではそこまでやっていない。うちは日本の会社の子会社なんだ。向こうは人材育成にあまり力を入れていない」

「ですが、フリップ」と私は切り出した。「私の意見はまったく違います。組織を伸ばして人に投資することは、基本的なことだと思います。新たなスキルを学ぼうという強い組織でなければ、新たなチャレンジに向き合うことは困難です」

こうしたやり取りがしばらく続き、私の中で大きな懸念が生じた。ここまでキャリアを積んできた私は、組織が成功する唯一の方法は、各段階で優秀な人材を置くことだと考えていた。トップにいるリーダーが優秀なだけでは足りない。スタッフの業績を伸ばすために時間をかけて育成、研修、コーチングを行う必要があることもわかっていた。リーダーはみなこうした人的投資を行う必要がある。

続くハワード・リンカーンとの対話で、私の懸念は緩和されていった。「レジー、もちろんＮＯＡでは優秀なリーダーは、スタッフに対して時間とエネルギーを投資している。実際、セールスとマーケティングのＥＶＰは、ＮＯＡでは特に重要な仕事なんだ。君にはたっぷりの裁量を与えよう。そして君の行動に組織全体の注目が集まるから、君のチーム育成への投資ぶりを見れば、それが受け入れられて会社全体に行き渡るはずだ」

岩田氏とのビデオ会議

ところが私の採用は、再び暗礁に乗り上げた。私なりにリサーチしてリクルートされる過程の中で、私は京都にある任天堂株式会社（ＮＣＬ）の重役と強固な関係が必要になると気づいた。最も大事なのは、２００２年5月にグローバル・プレジデントに任命された岩田聡氏との関係だ。

数年後に知ったのだが、これがＮＣＬとＮＯＡで大きな問題になっていたようだ。「あいつは何様のつもりなんだ。そんな要求は聞いたことがない！　レジーとかに会うよりも我が社のグローバル・プレジデントにはやるべきことがもっとある！」。任天堂のカルチャーを十分理解している今だからこそわかるのだが、自分の要求は型破りもいいところだった。傲慢にすら映っただろう。

だがセールスとマーケティングを効率的に主導するためには、会社の方向性とそのリーダーシップを信頼する必要があった。自分勝手ではあったが、自分が任天堂で成功できるという確証も欲しかった。なにせハイリスクな役回りだ。困難な時期にある会社に入ろうかというのだから。

岩田氏とのビデオ会議は30分用意されたが、それを大幅に超えた。部屋には通訳がいるだろうと思っていたが、彼が１人だった。おかげで面接はより距離が縮まったものになり、彼がカメラを操作しズームインの状態にしたおかげで、テーブルで差し向かいになっているように見えた。まず岩田氏から、私を何と呼べばいいのか聞かれた。

「ミスター・イワタ、レジーと呼んでください」

「ミスター・イワタ、ソニーとマイクロソフトのシステムをどうお考えですか」

「レジー、任天堂は他の会社を理解しようと努めながら、独自のアプローチを取ることにしている。私たちは新たな体験を生み出し、独自のゲームを作っているんだ」

十字キーや、３Ｄ画像、コントローラーの触覚フィードバック、４人で行うマルチプレイなど、任天堂がマーケットにもたらした過去のイノベーションについて、私たちは細かに語り合った。私は自宅にある任天堂のシステムで、これらすべてを体験していた。

「私は販売店を訪ねてきました。ゲームキューブの在庫がたくさんあって、一気に売りさばくために、今すぐ何とかしなければと言っています」

岩田氏は言った。「数週間後に売上に拍車をかけるプランがある。こちらとしても、今秋の初めに弾みを付けなければと考えている。ホリデーシーズンまで待ってはいられないからね」。彼は売上を伸ばすために、値下げを発表する用意があり、すでにゲームキューブの後継機に、懸命に取り組んでいるところだと打ち明けてくれた。

最後に、プレステが小型ゲーム機に参入することについてこう尋ねた。「ミスター・イワタ、任天堂はこの脅威にどう対抗し対処するおつもりですか」

岩田氏は言った。「うちの会社に入って京都に来てほしい。うちがイノベーションを今後どう続けていくかを見せたい」

この打ち解けたビデオ会議の後、私は入社することになった。岩田氏となら一緒に仕事ができて、彼のビジョンに満ちたリーダーシップを支えることができる自信があった。そして自分のスキルを使って、ＮＯＡを世界クラスの組織に変えることができると思った。

要するに 21

意外にも転職の面談こそが最高のタイミングである

意外に思えるかもしれないが、ズバズバ思い切った質問ができる最高のタイミングは、あなたがリクルートされているときだ。あなたは会社から気に入られている。そうでなかったら、リクルートの最終段階に進むことはなかったはずだ。この時点で、会社と職務が自分にふさわしいかどうかを確認する。突っ込んだ質問をする。受け取った答えを分析する。最高幹部の答えに一貫性があるかチェックする。

こうすることで、自分と経営陣とが大筋で同じ考えかどうかがわかる。相手を尊重しつつも……必要であれば思い切ってプッシュすることが大切だ。

ゲーマーとして、上司として

任天堂に入社した私は、幅広い産業とビジネスの現場で培った20数年の経験を、目の前の課題に生かそうと懸命に取り組んだ。

私はすぐにセールスとマーケティング部のあらゆる面について、ミーティングを予定に入れた。目的は2つある。自分の新たなチームの専門家からビジネスについて学ぶこと。そして人々と関わり、つながることだ。

部長たちにはメンバー全員をミーティングに連れてくるようお願いした。テーブルを回って自己紹介し合い、最後に私が必ず自己紹介のコメントをする。私は自分が社員を第一に考え、チームのメンバー全員から学ぶ姿勢があるというメッセージを浸透させていった。

ここから愉快なエピソードが生まれた。雑誌『NINTENDO POWER（ニンテンドー・パワー）』を運営するチームとのミーティングで、私はリーダーにこう尋ねた。「１９９３年に、スーファミで息子が『スーパーストリートファイター』を攻略したので、彼の写真を送ったんだよ。当時まだ3歳だった。どうして『ニンテンドー・パワー』は写真を掲載してくれなかったんだ？　せめてお祝いの手紙でも送ってくれたらよかったのに」

これは本当の話だ。あのゲームは少しボタンの早押しが必要で、つまりボタンを押し続ける間は、自分のキャラクターは戦いながら敵に向かって前進していく。戦いに負けても、シンプルにもう一度その相手と戦うことになり、ゲーム終了となることはない。敵を倒し続ければ、次のファイターまで前進する。だからボタンを押し続ける限り、ゲームの一定のパートをクリアできることは間違いない。それでも私は父親として、3歳の息子がビデオゲームのチャンピオンになったことは嬉しかったし、その達成を誉めてあげたかったのだ。

　私はプレイヤーとして、任天堂のコンテンツに親しんできたことを証明するために、『ニンテンドー・パワー』のチームにこの話を持ち出した。私が気の荒い独裁者ではないと伝えたかったこともある。私は集中すると、眉間にしわが寄って目が一点に集中すると言われたことがある。わずかにしかめ面が出ることが多いらしい。つまり威圧しているように見えるようなのだ。

　せっかく『ニンテンドー・パワー』のチームと会ったのだから、息子の話をして自分が人間らしい上司だとアピールしようとしたが、うまく行かなかった。誰ともわからない新参の上司が、ストレートな質問をぶつけたように映っただけのようだ。

　部長は少し黙って、それからこう言った。「レジー、うちがどうして息子さんの写真を載せなかったのかはわかりません。どういう経緯で誰がそう判断したのか、昔の資料を調べさせてください」

「いやいや」と私は言った。「そんなことしなくていいよ。ただの冗談だ。私たちはエンターテインメントのビジネスに携わっているわけだし、この場を明るくしようとしただけだよ。私はうちのコンテンツをずっと使ってきたし、ユーモアのセンスだってあるから、それをただわかってほしくてね」。新しい上司はゲームをわかっていて、気さくな人だという噂が広まった。やっとミッション完了だ。

要するに 22

上司として大切なのは「ビジョン」と「思いやりの心」

上司としてとっつきやすく、「人間的」であれ。あなたがチーム、そして会社を第一に考えていることをチームに知ってもらう必要がある。チームはあなたにサポートを求め、逆にあなたもチームにサポートを求める。そんなときチームはあなたをサポートしようと、壁を突破して構想を実現させるために必要なことは何でもしてくれる、そう信じること。社員と親しくなる必要はない。大切なのは、ビジョンはもちろん、思いやりの心を持って導いていくことだ。

関係性を築き、壁を壊す

初めの頃、私は同僚全員と関係を築くように努め、財務、IT、事業、特許、オペレーション、製品開発のリーダーたち1人ひとりと会って話をした。

なかでもオペレーションと製品開発が私にとって特に重要であるのは、会社を復活させるために新たな一連の販売戦略の実施が必要だからだ。そのためにも、これらの部署と提携しプランを立てなければならない。

要するに
23

関わる人たちを理解する

あなたが初めての会社に入社した新卒だろうと、組織の活性化のために中途採用で入社したベテランだろうと、複雑な人間関係と今この状況でやるべき活動を見出して、理解しなければならない。

誰が主要なパートナーなのか。プロジェクトがどこで行き詰まっているのか。新鮮なアイディアと新たなアプローチの機会はどこにあるのか。こうした領域に直接注意を向ける。こうした関係に時間を投資し、オープンに質問する。情報を集めてプランを作り、関わっていく主な人たちを引き込んでいくことが大切だ。

事業を率いていたのは、ドン・ジェームズだ。ドンはアメリカ任天堂にごく初期からいて、勤続年数はすでに20年を超えていた。京都の任天堂のデベロッパーとも深い関係を築いていた。彼は任天堂がゲームセンター用ゲームの開発と製造から、家庭用ゲーム機の開発と製造へと変わるのを目の当たりにしてきた。

だからＮＯＡの歴史的な成功と失敗のすべてを、知っているわけだ。そして勤続年数からしても、ドンはゲームの開発、試作、製造、ロジスティクスなど会社の多くの分野に携わってきたことが窺える。私が入社したとき、彼は製造をアジアに委ねて販売店の商品搬入口に届くまでの、ＮＯＡの全サプライチェーンを統括していた。

ドンは任天堂内でもう一つ特別な職務を担っていた。エレクトロニック・エンターテインメント・エキスポ（Ｅ３）という、ゲームの世界で最も重要な見本市のリーダー的立場だ。彼はコンシューマー・エレクトロニクス・ショー（ＣＥＳ）で目立たない出し物だったビデオゲームを、Ｅ３という見本市の独自の主役へと変える中心的な役割を果たした。ドンはこの年一回のイベントで紹介される新しいゲームシステムとコンテンツを理解するため、そしてこのイノベーションの複雑な技術的問題を解決して5万人を超えるE3の参加者に披露するために、日本のデベロッパーと一緒に働いていた。

ドンはオペレーションの代表であり、E3プランニングの事実上の代表としての職務を担っているだけに、彼を重要なパートナーにしなければならない。幸い、私たちはすぐに意気投合した。だが大きな違いがあることもすぐに知った。私は常に機会を探る「ポジティブ」なタイプだ。ドンは正反対で、あらゆる状況で悪い面を見出す「ネガティブ」な男だ。

新たなアイディアやE3のプランについて話し合う際、彼の好きな言葉は決まって「絶望的だね」。これは彼にとっては「よし、難しいが何とかやってみよう」という意味に過ぎないのだが、それを理解するのに、私にはしばらくかかった。

製品開発を率いていたのはマナブ・マイク・フクダだ。マイクは日本国籍であるため、名目上はNCLの社員ということになっていた。だが任天堂に入社以前のいくつかの会社も含めて、25年以上にわたってアメリカで働いている。

マイクはSVP（シニア・バイス・プレジデント）だから、EVPである私の役職よりも表向きは下になる。だがマイクと私が効率よく一緒に働くことは極めて重要なことだ。彼はゲーム開発のスケジュール、開発遅延の可能性、コンテンツの全体的なクオリティなど、私が知りたがっていた内部の情報に精通していた。私はマイクにありのままの視点を求め、それを得るためには、私を信頼してこの細かな情報を委ねてもらうしかない。

だが私が彼と信頼関係を築くには、困難な点があった。あいにくセールスとマーケティングのメンバーは、これまで情報を守秘義務として扱うことがなかったため、マイクは警戒して情報を共有したがらなかったのだ。彼は宣伝の方向性と宣伝開発のプロセスも気に入っていなかった。そんなマイクを何としても味方に引き入れなければならない。

私は多方面からマイクに接近して、感情に訴え合理的な説明をしながら、彼とつながる必要があることをアピールした。まず、任天堂のこれまでのアプローチとビジネスカルチャーを理解するために、彼と週2回のミーティングを開いた。こうしたミーティングは、将来の製品プラン全般についての話し合いにまで発展した。私はミーティングを自分のオフィスではなく、彼のオフィスで行おうと決めた。彼が私より役職が下であっても、私が彼を仲間と見なしているのだとわかってほしかった。

そして彼が出向くのではなく、私が彼のオフィスに行くところを組織全体に見てほしかった。ＮＯＡのカルチャーにおいて、こうしたアピールで自分の態度を示すことが重要だった。

プロセスを明確にして大きな成果を上げる

次に私は、マイクと私の互いの組織間にあったこれまでの問題点を解決するために、宣伝制作を中心に、プロセスを透明化した。宣伝制作は大半の組織では悩みの種だ。素晴らしい宣伝に至るには、戦略的かつ技術的ステップを踏んでいかなければならない。そして高度な能力、つまり耳に残るような素晴らしいスローガンを作り、深い洞察を視覚化する力も必要となる。誰もが新たに宣伝を作るとなると意見を挟んでくる。素晴らしいキャンペーンは多くの人の意見を取り入れたものであり、対してお粗末なキャンペーンは責任の所在が曖昧だ。

以前にもこの問題に向き合った私は、任天堂の宣伝をどう作っていくか、一歩ずつのプロセスを示すマップを作った。Ｐ＆Ｇにいた初期の頃から、鈍化した成長に活を入れるために必要なのは、強力な宣伝であることがわかっていた。

宣伝制作の各ステップで、誰が責任を持って行動を提言し、誰が決定の承認権を持ち、誰が相談に与り、誰が承認の通知を受けるかを明確にする必要がある。このＲＡＣＩモデル（Responsible：実行責任者、Accountable：説明責任者、Consulted：相談先、Informed：報告先）は賛否を呼んだ。すごく退屈なモデルに思えるかもしれないが、こうした統制は効率よくマーケティングを進める上で重要なことだ。

マーケティング担当や広告代理店は、マーケティングのアイディアを発展させていく各ステップを掌握したがり、途中で誰にも助言を求めたがらない。これがしばしば戦略から外れた宣伝とか、痛々しいほど効果のない宣伝につながったりしてしまう。逆に製品開発などの他の部署は、各ステップで相談を受けたいと考えている。このアンバランスな関係が広告制作において、研修も経験もない個人の勝手な意見を招いてしまい、やみくもに時間ばかり消費するプロセスを生んでしまうのだ。

私は宣伝制作で、マイクと彼のチームに重要な任務を任せた。例えば、彼らに製品企画書を承認する責任を与えて、マーケティング担当や広告代理店が、製品そのもの、そしてゲームやシステムの優れた点を十分に把握できるようにした。

一方で私が十分に掌握しなければならないステップもある。宣伝戦略の承認、コンセプトの最終提案の承認、完成したＣＭの承認だ。こうした重要な各ステップには透明性と同時に決断力が必要であり、これを委員会の承認に任せるわけにはいかない。１人の人間がこれを導き、結果を受け入れなければならない。ＥＶＰである私が、それを担う人間であることを明確にした。

当初、こうしたやり方はあまり受け入れられなかった。私のチーム内の宣伝担当のディレクターやマーケティングのＳＶＰなども、こうしたステップを掌握したいと考えていた。

マイクや彼の製品開発チームのメンバーもそうだったし、同僚のＥＶＰたちさえも、自分がこの決定権を持ちたいと考えていた。

だがそれを許すわけにはいかない。真に最高の宣伝を作るには、透明性と協調によるプロセスが必要ではあるが、一方で重要な戦略、開発、ゴーサインを出す最終決断の決定権は、１人の人間だけが持つべきであることを私は明確にした。

要するに 24

「届ける」「差別化」「顧客」

会社のリーダーにとっての究極の目的は、収益を上げて会社を成長させること。それを成し遂げるためのカギは、他社とは「差別化」された利益を「顧客」に「届ける」ことだ。

届ける：製品の機能を伝えること。物としての製品であれ、サービス、感動であれ、説得力のある形で説明し、実際にその利益を形にする。ベイパーウェア（概要が発表されながら開発が遅れ、いつ発売されるかもわからないハードウェアやソフトウェア）は、この状態が長く続けば忘れられてしまう。

差別化：競合会社との違いを明確にする。プラス面の違いを際立たせるのが一番だ！

顧客：客のことを誰よりも理解する。以上の3つによってアンメットニーズ（＊まだ満たされていない潜在的な需要）を掘り起こすことにより、製品開発に専念できる。

このプロセスを使って、私たちは２００４年のゲームボーイアドバンスＳＰから始まり、私が退社する２０１９年のNintendo Switchまで、最高の宣伝を作り続けた。後に社長になってあらゆる決定権を放棄したものの、１つだけ保持したものがある。それは、ＮＯＡが制作した宣伝をこのまま出すかどうかについての決定権だ。これを機に私は宣伝制作プロセスで積極的な役目を担い、パッとしない広告については放映を断念する最終決定権を持つに至った。

最後にマイクについて、私は彼をセールスプランニングのプロセスに招き入れた。このプロセスで私たちは、主要な販売店向けの特別な構想を作っていく。任天堂のこれまでのアプローチは、すべての販売店向けプログラムの基本メニューを用意しながら、販売店ごとに独自の追加プログラムを充て、製品の売上に基づき融資するというものだった。こうすることで販売店に対して公平、公正なアプローチを取り、かつ私たちと一緒にビジネスを成長させた販売店には報奨金を与えていた。

　これまでこのアプローチを取り仕切っていたのは、セールス部門だったが、監視の目が行き届いていなかった。そこで私は根本的に別のアプローチを取った。ビジネスにもっと劇的なインパクトを与えるような、大きくて大胆な夢を追求できるように、こうしたプログラムに関しても議論を取り入れるようにした。

　ただし純粋に価格調整のプログラムとは距離を置こうと考えた。私たちのブランドとフランチャイズ店のエクイティバリュー（経済的価値）に、こうしたプログラムがネガティブな影響を及ぼしていると感じたからだ。

　私はマーケティングの重役たちに議論に参加してもらうことからスタートさせた。私が入社する以前は、マーケティングもセールスも同じ管轄の上司に報告していたにもかかわらず、マーケティング担当者は販売戦略にはほとんど影響力を持たなかった。

　次に、私はマイクに参加してもらった。１つには私たちが直面しているセールスの問題に関して、彼に理解してもらうためだ。一方で新たな製品と新たなアプローチに関して、彼のアイディアを取り入れたかったし、ＮＣＬからの承認を必要とする大胆なアイディアに対して、彼のサポートが欲しかった。さらに必要に応じて、サプライチェーンへのサポートを必要とする構想に、ドンにも関わってもらうことにした。

　このアプローチを使って、私たちは販売店に対してもチャンスを与えるプログラムを作った。独自のアイテム、例えば独自の色のゲームボーイアドバンスとか、ゲームキューブとゲームの独自のパッケージなど、各自で顧客にプロモートする機会を与えることにした。

こうしたプログラムによって、組織もビジネスも、短期間で成果を上げた。

私たちは社内のコミュニケーションの壁を壊し、チームワークのカルチャーを固めていった。こうしたプログラムが市場でうまく機能したおかげで、ビジネスは安定していき、私はセールスとマーケティングの枠を超えて、リーダーとしての信用を築いていくのだった。

要するに 25

リーダーにとって重要な「バランス感覚」

強力なリーダーは個々の意思決定と連携とのバランスを取るが、リーダーだけが下すべき決断というものもある。そうであっても、連携とコンセンサスを築くことが重要なステップであることに変わりはない。組織の変化に応じて、絶えずこのバランスをとるのがリーダーだ。

例えば比較的新しいスタッフが配属されると、リーダーにはより多くの決断が求められるかもしれない。対してより熟練したチームの場合は、議論と連携をより高いレベルで行うことで、最大限の効果が発揮される。

任天堂のカルチャーを学ぶ

初めて京都に行ってＮＣＬの本社を訪ねたのもこの頃だ。２００４年1月のことで、ＮＯＡに入社してまだ8週間だった。京都には1週間の滞在で、ＮＣＬの主な重役と個別にミーティングを行い、一連のグローバルリーダーシップのミーティングに参加した。岩田氏と初めて直接顔を合わせたのもこのときだ。私たちはこの1週間の間に数時間一緒に過ごし、現在のビジネスと任天堂の今後について、話し合いを続けた。

最初の数日間、私にとって初となるＥ３のプランニングを行った。一方のドンは、主なクリエイターと一連のミーティングを設定して、ゲームを批評し、わずか4カ月後の5月に開催する展示会の準備に向けて、進捗状況を話し合った。この時期のミーティングの1つは、任天堂が特別に用意した次に出す小型ゲーム機の試作品を評価することが目的だが、この時点では、システムの商品名についての合意はなかった。

部屋に入ると大きくて平らなマザーボードに、チップやはんだ付けの部分がむき出しのまま置かれた試作品があった。中央にはシステムの大きな特徴となる2つのスクリーンがある。私は触感と音声で動く機能を体感し、まるで自分がマザーボードに接続されて、無限の可能性が電気ショックのように体を突き抜けた気分だった。部屋の中では興奮が渦巻き、私も後ろ髪が逆立つほど驚いた。試作品の段階で十分に機能的なこのハードウェアを使って、デベロッパーたちは様々なゲームを披露した。これが後にニンテンドーＤＳという、世界中で販売台数が１億５０００万台を超えるシステムとなるのだ。

　部屋の中にいた日本人以外の人間は、ドンと私だけだった。情報は交互に日本語から英語に通訳され、私たちの英語によるコメントは逐一日本語に訳される。このため長いミーティングとなったが、このプロセスにも私は程なくして慣れていった。私たちはシステムのタッチスクリーンと、これを使ってゲームの形がどう新しくなるかについて話し合った。タッチスクリーンはまだｉＰｈｏｎｅが出るよりずっと以前のことで、家電製品ではまだ主流ではなかった。当時タッチスクリーンを使っていたのは、パーソナル・デジタル・アシスタント（ＰＤＡ：携帯情報端末）だけで、値段も高額だからメインの存在ではなかった。

　私は新参者ではあったが、任天堂の最大の海外法人でセールスとマーケティングを担う新任の上級管理者として、コメントが求められた。そこですぐさまこう言った。「タッチスクリーンが大きな差別化になるね」と切り出すと、スタッフがドアを開けて、新たに１

人を密室でのミーティングに招き入れるのが横目に見えた。「消費者にこの機能を伝えてアピールしたほうがいい。タッチスクリーンが最も有効に活用できるゲームはどれかな」。するとチームは続けて、「メトロイド」シリーズと新しい「マリオ」ゲームで新たにどんな体験ができるかを説明した。

だがデベロッパーが最も熱心に説明したのは、まだ開発中だが、タッチスクリーンと内蔵のマイクを使って、バーチャルな犬と交流するゲームだ。「このタッチスクリーンを存分に活用したいね。これをＥ３の主要なメッセージにして、任天堂のデベロッパーが生み出す新たな体験のビジョンを描こう」と私は言った。

今の言葉が日本語に訳されると、後から入ってきた男性が、ニンテンドーＤＳの試作品に集まった輪の中に入ってきた。「マリオ」、「ドンキーコング」、「ゼルダ」など、数多くの伝説的なシリーズを作った宮本茂氏だ。後から入ってきた宮本氏は、タッチスクリーンについて、私が質問しコメントするのを聞いていたのだ。私は脚が少し震えてきた。

「彼の言う通りだ」と宮本氏は日本語で言った。「タッチスクリーンを主役に考えたほうがいい。Ｅ３のショーケースで体験してもらうプランに全力で取り組もう。新たなシステムの力をフルに使い、消費者に向けて斬新なゲームを作っていく我々の力を見せてやろうじゃないか」

これが英語に訳された後で、彼はこう続けた。「ところで、あなたはどなたですか」

こうして私は宮本氏に自己紹介した。

これはまた私にとって、京都の職人技のコンセプトを存分に味わう初の体験でもあった。任天堂のあらゆる面での、正確かつ精密なところにこのコンセプトが宿っている。デベロッパーの職人技が見た目にも明らかなのは、これまで一流のゲームのリストを任天堂が独占していることからもわかる。これはまた、任天堂がビジネスのあらゆる面で、細かいところに目を向けることの表れでもある。

任天堂の職人技の精神は、明治時代以前に遡る。京都の職人たちの独自で比類のない腕前と誇りは、よく知られているところだ。

任天堂の創設者である山内房治郎《やまうちふさじろう》氏は、花札の製造を始めた。その美しさで、花札は今日まで人気を保ち、今なお売れている。

そして今世界は、任天堂のゲームの素晴らしさを日々体感している。

第4章

任天堂を再生させるための大勝負「E3」

ニンテンドーＤＳの試作品とゲームの初期のコンセプトを見ることができた。次はいよいよＥ３の準備に集中して取り組むときだ。

私は２００２年と２００３年のプレゼンテーションを見る時間を設けた。メッセージやプレゼンターを分析し、新聞の切り抜きとファンの熱狂ぶりを見直した。すると改善すべき点が多く見つけられた。

Ｅ３は巨大なイベントで、１週間の開催期間にビデオゲーム産業が一堂に集まる。観客の中に１０００人を超える、いぶかしげなジャーナリストを交えて現物のプレゼンを行う。この模様は世界中の数百万人もの熱心なファンにストリーミングで紹介される。

会社と個人の命運がかかっているイベントだ。そこで下された審判は、会社の株価や新製品に対する販売店のサポートに影響を及ぼす。だからこそプレゼンには完璧さが求められるが、これまでの2年をチェックした私の目から見ると、パフォーマンスが欠けていた。

私の中で最も目に付いたのは、そこに一貫したメッセージがなかったことだ。何を使って観客の注目をさらいたいのか。大きなアイディアとは何か。ゲームとキーポイントを土台にして、どのようにメッセージを伝えていこうというのか。それらが見えなかった。

正しい物語を伝える

私は大きなプレゼンを、物語として捉えている。観客を一緒に旅に連れていきたい。そこで初めに大きくガツンと言わせて、最後にもっと大きくガツンと言わせる。プレゼンの初めから終わりまですべてがインパクトに満ちているわけではなく、プレゼンターは観客が興味を失うタイミングを事前に把握しているものだ。素晴らしいプレゼンは途中でペースを変えてこうした中だるみを回避し、観客の関心をこちら側に戻してもっと引きつける。

過去のプレゼンを見て、私は関わった人たちにああした演出を決めた理由を聞いた。２００３年のプレゼンでは観客が望むもの、つまり新しいゲームなどを披露せずに、無味乾燥な事実と数字の評価で始めたが、それはなぜだったのか。あの時点で誕生してから23

2003年任天堂のE3での発表にがっかりする記者（写真：IGN.com）

年も経つ「パックマン」のバージョンを、今さら披露したのはなぜだったのか。２００２年、プレゼンターはステージでメモばかり見ていた……おかげで観客に対して、自分が何でもわかっているということを示す説得力のあるアプローチができなかった。どうしてそういうことになったのか。

このように過去のプレゼンをチェックしていく間に、私はキーパートナーのドン・ヴァリューとの絆を築き、私にとって最初のＥ３だけではなく、任天堂に在籍している間それは続いていく。ドンはゴリン・ハリス、後にゴリンとして知られるＰＲ代理店の上級管理者だった。彼はニュースのジャーナリズムでキャリアをスタートさせたおかげで、物語のポイントを見つけて、そこに息を吹き込むメッセージを作る上での大きな力だった。

私がドンに会った頃、彼はすでに10年以上にわたって任天堂を支えてきていた。社内の誰にも劣らず、業界とその中での任天堂の活動を知っていた。ＮＥＳの初期の時代からセガやその後のソニーとのゲーム機の戦いに至るまで、ドンはその場に居合わせた。何より大事なのは、私みたいに彼もまた任天堂を復活させようと懸命だったことだ。

ドンは私と定期的に顔を合わせ、かつての記者時代のように私にインタビューするようになった。目的は私のことを知り、私のモチベーションを理解すること、何よりも私の考えを知るためだ。私の最初の頃の記憶をたどらせることはせずに、彼は今に集中した。

「レジー、どうして任天堂に来たのですか。どうしてここにいるのですか」

私はプレイヤーとして、会社とこれまで関わってきたこと、私の好きな「ゼルダの伝説」など、任天堂のシリーズすべてを知っていることなどを説明した。私は単に会社の方向転換を後押しするボディガードではない。この業界と任天堂に情熱を抱いている。

私の競争好きな性格について、話が盛り上がった。行った先の会社どこでも積極的に変化をもたらして、「勝つこと」に集中したこと。スポーツのこと、そしてそれが私の競争心を幼い頃から駆り立てていたことなどを話した。ドンも私と同じくバスケットボールが好きで、大学チーム並みの腕前だった。

ドンは私のガンガン前に進むダイレクトなアプローチ、そして私が採用された理由も評価してくれた。輝かしい時代への復活を願うファンにアピールして、任天堂を再生させること、新たなファンを取り込むために、強力なコンテンツを使うことを期待されたからだ。
こうした話をするうちに、ひと際強い絆と固い信頼が生まれていった。

要するに 26

信頼の置ける外部の人を見つける

採用の支援を行うリクルーティングアドバイザーは厳しい質問をして、あなたを快適な場所から外に押し出そうとする。逆に、部下は絶えずあなたへの印象をよくしようと振る舞い、あなたのアイディアをはねつけることは滅多にない。
それに対して、信頼の置ける外部の人はあなたの機嫌を伺うことなく、現状をありのままに伝えてくれる。これが非常に重要な観点となる。あなたの考えに意見を挟めるくらい、確固たる意志と自信を持つアドバイザー、そしてスタッフを見つけることが大切だ。

私はドンに対して開発中の新製品の情報だけでなく、私のアイディアのすべてをオープンに伝えたが、これは慣例に背くことだった。これまでは、製品の情報は秘密厳守だったのだ。だが私はマイク・フクダ、そして最終的に岩田氏からもサポートを受けて情報をもらっていた。効果的なプランとメッセージを作るために、限られたごく一部の人たちに早くから情報を打ち明けてもらう必要がある。そしてドン・ヴァリューも、そのリストの仲間入りを果たすのだった。

任天堂の新たな章の幕開け

２００４年のＥ３まで残り３カ月となり、ドンと私はメッセージ全般の筋立てを作り上げていた。朝の記者会見に続いて、午後の遅くに販売店向けのプレゼンとホスピタリティ（接待の）イベントがある。

私たちには「メトロイドプライム」、「スターフォックス」、「ペーパーマリオ」シリーズという強力なコンテンツがあり、同時にカプコンが発表した「バイオハザード４」や「キラー７」など、パートナーが制作したコンテンツも強力だ。このとき私は、トップシークレットの予告トレーラーも見ていた。ツリーハウスという私たちの製品開発チームが、京都から来たデベロッパーと直接手を組んで手掛けている次作の「ゼルダの伝説」、まさにそのトレーラーだ。そしてＥ３ではニンテンドーＤＳのベールをはがすことにもなっている。

過去のプレゼンのいい面と悪い面から学んで、私たちはＥ３のアクティビティの各ステップに包括的なテーマを作り、ゲームの演出に集中して取り組んだ。なにせこのアクティビティこそ任天堂が最も輝くときだ。さらに私たちは競争心を鼓舞して、ゲームを価値あるものにしたのは任天堂だと宣言し、他のゲーム機のメーカーに真っ向から挑む。

それに今回は私がいる。私にとってセールスとマーケティングのＥＶＰとして、初の本格的なプレゼンだ。

ドンは私のプレゼンでの冒頭の挨拶にこう言えばいいと勧めた。「私はレジーといいます。目の前の敵を叩きのめすのが私という人間です。そして私の仕事はゲームを作ることです」

そのときは、このセリフがプレイヤーの間でのスローガンとなり、Ｅ３の歴史における重要な瞬間になるとは思いもしなかった。わかっていたのは、きら星のように並ぶ私たちのゲームを特徴づける、アグレッシブで強気な態度が、このセリフに集約されていることだった。それは私たちがニンテンドーＤＳと共に歩むイノベーション（革新）の道を予言するものであり、任天堂の新たな章の幕開けを示すものでもあった。

セリフは気に入ったものの、私は敢えてこれを差し戻して判断を保留にした。京都のエグゼクティブから異論が出るのはわかっていたから、わざと先手を打ってそうしておいたのだ。任天堂がもっとアグレッシブになるべきなのは、全員の共通認識だった。うちにはそこまで強気に出られるだけの裏付けとなる、製品のパイプラインがある。だがこのメッセージは、明らかに日本以外のメディアやゲーマー向けのものだ。

私は岩田氏に対して、このメッセージが日本を含む世界中の視聴者にとってふさわしいものであるから、承諾してくれるよう説得しなければならない。そこでまずメールで岩田氏と連絡を取りながら根回しした。カギを握るのは、次の直接のミーティングだろう。一緒の席に座れば、このアプローチについて彼を説得できるかもしれない。

ＮＯＡのレッドモンド支店に岩田氏と一緒に来たのは、重要な通訳でＰＲ関連の問題を仲介する皆川《みながわ》恭廣《やすひろ》氏だ。皆川氏には初めて京都に行った際に会っていた。彼は完璧な英語を話し、ハワード・リンカーンが任天堂の前社長のときに、創設者のひ孫である山内溥氏とビジネスミーティングした際は、リンカーンの私設秘書のように振る舞っていた。実際その当時も皆川氏は、ハワードや山内氏とシアトル・マリナーズ関連のビジネスで一緒に仕事をしていた。山内氏がマリナーズの最大の株主で、ハワードがチームのＣＥＯを務めていた頃だ。皆川氏と私は親友となり、私が京都に行ったときは酒と日本のごちそうを、西洋で一緒になったときは赤ワインと素晴らしい食事を一緒に味わう仲となった。

岩田氏とのミーティング

岩田氏と皆川氏が京都からレッドモンドに到着すると、私たちは来るべきE3について話し合うためにNOAの会議室に座った。私はまず、現在の任天堂のファンだけでなく、他のゲーマーにもメッセージを広げていくという目的を改めて強調した。さらに生の観客の声が重要になると強調した。すでに任天堂に対して偏見が持たれているだけに、大胆に攻めることで、こうした負の流れを変えなければならない。

岩田氏の反応を自由に観察できるように、私はミーティング参加者の前で冒頭の挨拶のセリフをドンに声に出して読んでもらった。顔は無表情だったが、じっとしたままわずかに横目で見て額にしわを寄せたことから、彼が言葉の意味と含みを懸命に汲み取ろうとしているのがわかる。部屋は静まり返っていた。皆川氏が日本語で岩田氏に何事か伝え、私は身を乗り出してマイク・フクダの通訳を聞いた。

「彼らには伝わっていないようだ」とマイクはささやいた。そこですかさず私はこう言った。

「ミスター・イワタ、初めてあなたと言葉を交わしたときから、任天堂はビジネスパートナーやファンとの対話を変えたいと、あなたははっきりおっしゃっていました。私たちは業界を動かす存在であることを明確にしなければなりません。アグレッシブに行きましょう。率先してイノベーションを進めましょう。私たちは、世界での成功を目指しています。げんに、日本以外の国で、ゲームによる収益の75パーセントを占めています。この冒頭の言葉は、我々の新たな方向性の幕開けにふさわしいものです」

岩田氏も英語を理解できるのは全員が知っていたが、皆川氏が岩田氏に今の言葉をすべて日本語に訳して伝えていた。彼が敢えて通訳を使うのは、じっくり考えてニュアンスを十分につかむ時間を取るためだ。ところが彼は、皆川氏の通訳が終わっても黙っていた。やっと皆川氏が切り出した。「レジー、質問がある。どうしてそんなに怒っているんだ」

なんとまあ、そこか。私はいろいろと弁解した。「ミスター・ミナガワ、怒って言っているのではありません。任天堂が新たな道に立っていると、確信を込めて言っているのです。競合会社とは違う道です。それが正しい道であることを、人々に知ってもらいたいのです」

「レジーの言う通りだ」とついに岩田氏が口を開いた。「私たちは、ライバルとはまったく違う道に立とうとしている。業界をいろいろと発展させたのはうちなのに、十分な評価を得ていない。もっとアグレッシブにメッセージを伝える必要がある。この冒頭の挨拶の言葉を支持するよ」

ストレスフルなリハーサル

こうして彼の支持を取り付けて、私たちは前に進んだ。私たちはプレゼンの骨子の話し合いにミーティングの時間を費やした。２００３年の秋にゲームキューブを値下げして任天堂は弾みを付け、売上を維持するべく２００４年暮れに販売する新たなゲームソフトが重要なカギを握る。Ｅ３の本番では、まずはゲームボーイアドバンスをフィーチャーし、それからニンテンドーＤＳを紹介して、小型ゲーム機でうちが優位に立っていることをアピールする。次の家庭用ゲーム機の発売を予告し、これを革命だと紹介する。そして「ゼルダ」のゲームのトレーラーを見せて、宮本氏にステージに登場してもらう。

任天堂にとって新しい日となるだろう。

ドン・ヴァリューと私は、Ｅ３プレゼンの各パートの台本を何度も書き直した。何年も前に私が手伝っていたコーネル大学の教授から学んだ教訓が、ここで生かされた。それはプレゼンを成功させるために、どんな細部もなおざりにせず対処することだ。なおかつ他にも責任ある仕事を抱えていたため、オフィスで何日もの長い夜と週末を過ごした。

こうした努力の時間がいい方向に動いた。ツリーハウスのメンバーも、ショーに向けたゲームとゲームのトレーラーの準備で何時間も働き、ここから仲間意識が生まれた。私は他のスタッフとそれほど年が離れていなかったから、深夜の夜食の時間にも招かれ一緒に食事をしながら、ゲームについて話し合った。こうした交流によって私の信用が高まり、私は任天堂について深く知り、会社がゲームやゲームのローカライゼーションについて、どう考えているのかを知るのだった。

要するに
27

「前線」に立つリーダーシップ

リーダーは組織と深く関わることで、みんなを停滞させている問題を見つけてチームの心をつかまなければならないものの、なかなか時間をかけてこれに取り組もうとしない。私は「前線」に立つリーダーシップの力を信じている。自分の指揮命令系統を超えて、会社の各部署にこうしたリーダーシップを波及させなければならない。そこから生まれた洞察力は、オペレーションを簡素化して収益と利益を促す大きな力を持つ。

数週間かけて何度も書き直して内部でリハーサルをした後、私たちはＥ３のプレゼンに先駆けてロサンゼルスに到着した。私にとって初のＥ３だけに、私は以前から定まっている任天堂の慣習に従っていた。

例えば、メディアへのプレゼンは、ロウズ・ハリウッド・ホテルのボールルームで行う。私たちがこれからもたらす熱気を考えると、あまりパッとしない開催地だ。一方で販売店とビジネスパートナーへのプレゼンは、壮大なコダック（現在のドルビー）・シアターで行われる。数年前にオープンして以来、アカデミー賞の拠点になっている場所だ。

もう１つの昔ながらの慣習に従い、私にはグランドピアノが置いてあり街を一望できる、ホテルで最も大きなスイートルームが用意された。岩田氏は豪華だがこれよりずっと小さなスイートだ。私はこうした扱いに何度も異議を申し立て、岩田氏こそホテルの最上の部屋にすべきだと言った。だがこれまでのセールスとマーケティングのＥＶＰは、どこに泊まるにも最上の部屋を要求してきたらしく、入社したばかりの私はそんな慣例など知らなかった。岩田氏はこの点は寛大で、私をこの豪勢なスイートに宿泊させてくれたというわけだ。

私は関係を深めるために、部屋で一緒に朝食を取りましょうと彼に何度も促した。日本から来た上級のデベロッパーとチームのメンバーもディナーに招待した。私が任天堂に来るまでは、こうした有意義な関係性は存在しなかったと聞いて驚いた。

私にとって、個人的な関係を築くことは、確固たるビジネスでの関係を築くための重要な土台だ。他者のモチベーションと視点を理解することが、意見の相違の架け橋になり、よりよい全般的な解決につながる。

最高のパフォーマンスをするためには？

現地で、私は何度もプレゼンの練習を繰り返した。みんなにできる限り最高のパフォーマンスを披露してもらいたい。この練習の間に、私の冒頭のセリフに不安が生じた。問題なのは「叩きのめす」の部分ではない、そこは完璧にできていた。だが次のセリフ、「私の仕事はゲームを作ること」がいまひとつだ。私はデベロッパーではない。コードを書くこともなければ、ゲームの壮大なビジョンを作ったわけでもない。ビジネスマンであり、マーケティング担当者だ。だからここのセリフがしっくりこない。

プレゼンの前日に、広報部長のペラン・カプランと会って話をした。彼女は「レジー、このセリフはいまひとつだし、私たちは違和感を覚えます」ときっぱり言った。当初ペランは、冒頭の挨拶を全部破棄してまったく別の内容に変えたがっていた。そこで私はドン・ヴァリューをその場に呼んで、意見を交換し合った。

「ペラン、私がゲームのデベロッパーではないからといって、全部を破棄するつもりはない。別の解決策を考えたい」と私は言った。

するとドンが言った。「なに、簡単なことさ。最後を変えるだけでいい。ゲームを作るのはレジーではない。作っているのは任天堂だ。任天堂とビジネスパートナーの全員だ。まさに本当の意味で『私たち』なんだ。『私たちの仕事はゲームを作ること』、これで行こう」

そこで２００４年のＥ３前夜、私の冒頭の挨拶を一部変えて象徴的なフレーズが生まれた。「私はレジーと言います。立ちはだかる敵を叩きのめすのが私の性分です。そしてゲームを作るのが『私たちの』仕事です」

要するに
28

言葉の力を過小評価しない

リーダーとして自分が細かく観察される中、かつプレゼンのここぞというところでガツンと言わせたければ、すべての言葉が重要だ。言葉の力を過小評価してはいけない。代名詞の使い方１つで成功と失敗を分けることもある。

本番を前に

プレゼンの朝、私は信じられないくらい落ち着いていた。50分の記者会見で大勢の人を前に発言することになっていたが、機転を利かせて主導権を握る自信があった。開催地に着くと、メディアの人間たちがすでに整列している。この時点では、誰も私のことは知らないから、私はその列を通り過ぎていった。ドアが開いて部屋が人で埋まりつつある中、私はステージの横に行き、人々を見下ろしてそのエネルギーをもらう。グレーのスーツとその中は黒のTシャツという装いで、典型的な技術畑の人間の姿だ。ここに入るためのバッジはとっくに外していたが、まだスタッフメンバーはいろいろと準備をしている。

1人の若者が何度か私の前を素通りして、そわそわと肩越しにちらりと見やった。途中で彼は立ち止まって言った。「ああ、大丈夫だよ。僕のバッジがあるから」。彼は私のことを、バッジを忘れた警備員だと思っていたのだ！ 私は笑い飛ばしたが、数年後になって、スーツを着た黒人男性が重役ではなく警備員と間違われるゲーム産業とは何だろうと思うのだった。

要するに 29

等身大の自分でいること

人と「違う」ことによって何かしらの反応を招いてしまう。性別、信条、人種、身体の障害……挙げていけばキリがない。こうした反応は無視したり避けたりしてやり過ごすわけにはいかない。

むしろそこに向き合わなければならない。自分が誰であるかを隠さず、否定せず、控えめに振る舞わない。本物の姿をさらすことで尊敬が生まれる。だから大切なのは、等身大の自分でいることだ。

レジネーターの誕生

いよいよ時間だ。大きなビデオ画面がイベントの始まりを告げ、躍動する音楽をバックに、長らく待ち望まれたゲームを紹介する短編映像が映し出される。音楽が次第にボリュームを増し、ビデオはこのイベントのモットー、「私たちは価値あるゲームを作る」という言葉で終わる。ビデオが流れる間、私は暗がりでステージに立ち続け、それから会場が明かりで満たされた。ビデオに拍手喝さいが送られる中、私はステージの上から穏やかに部屋を見回した。

私はステージ中央に立ち、最初のカメラフラッシュの音が鳴るとともに、冒頭の挨拶をした。さらに数分間トレーラーが上映され音楽が流されてから、再び私にライトが照らされ、次のラウンドに入る合図となる。人々の拍手は激しさを増した。プレゼンの進行とともに喝さいはさらに強まり、ビデオが切り替わるたびに、メディアがプレゼンのそれぞれの瞬間を捉えようとしていた。

プレゼンの終盤に入り、私がニンテンドーＤＳを世間に初めて公開すると、カメラのフラッシュがクラッカーのように鳴り響いた。「ゼルダ」のトレーラーも大好評で、メディアの記者たちは、より成熟した主人公リンクの姿とエキサイティングなゲームを見て、歓声を上げた。宮本氏がゲームに出てくる短剣と盾を持ってステージに登場すると、観客はすっかり我を忘れた。

プレゼンが終わると、私たちは数多くのインタビューをその場で受けて、岩田氏とニンテンドーＤＳを手に持つ私の撮影会となった。それからランチ休憩を少し取って、私はわずか数時間後に発表するビジネスパートナー会議の準備に入った。

短剣と盾を持ってステージに登場する宮本茂氏（写真：Bob Riha Jr ／ Getty）

2004年任天堂のE3での発表に興奮する記者（写真：IGN.com）

この休憩の間、下の息子からメッセージを受け取った。3歳で「スーパーストリートファイター」を倒したあの子だ。息子はもう14歳で、熱心なゲーマーになっている。あらゆるゲームのウェブサイトに詳しく、任天堂の記事を集めた特集に掲載できないほど小さなサイトや、エッジが利いたサイトまで知っていた。息子は私に記者会見の映像を何枚も送ってきたが、そのどれもがイベントについて好意的なコメントが付いたものばかりだった。私は息子に電話して、どこでこれを見ているのか聞いた。

「パパ」と息子は言った。「パパは有名人だよ！」。ファンが記者会見での私の写真を加工していた。目からレーザービームを放ったり手に武器を持って構えたりするその姿は、私のアグレッシブな発言と、任天堂の新たなエネルギーを象徴していた。任天堂のファン層は、大ヒットしたアーノルド・シュワルツェネッガーの『ターミネーター』シリーズが好きだったのだろう。なにせ私に付けたニックネームが、「レジネーター」だ。

だが、ペランと彼女のチームは、ファンの好意的な反応にはまったく共感せず、記者会見に続いてすぐの彼女たちの意見が私にとって最初のフィードバックとなった。そこで私は息子に任務を授けた。彼が見ていた記事のリンクをすべて集めて、こちらに送ることだ。コダック・シアターに向かう直前に、ペランに息子が送ってきたリンク先全部を書いたメモを渡した。

息子の仕事によって、報道機関向けのイベントと発表をリアルタイムでモニタリングするという、新たなプロセスが生まれた。ビデオゲーム、特に任天堂に注目が集まる中、インターネットのスピードへの対応力が求められた。

ＮＯＡに新たな伝統を作る

私にとって初めてのＥ３からは、他にも多くのプロセスや慣習が生まれた。私はビジネスパートナーのプレゼンに続くホスピタリティのイベントにも、これまで以上に細かいところまで注意を払った。才能あるミュージシャンの威光を借りて、イベントでプレイしてもらう機会を増やした。

初年度はシンガーソングライターのシェリル・クロウ、以降はグラミー賞最優秀新人賞受賞直後のロックバンド、マルーン５、そしてヒップホップグループのブラック・アイド・ピーズにも。立ち入りを制限したＶＩＰエリアをチームに作ってもらったが、これが大きな賛否を生んだ。他の部署の最高幹部たちは、どういうわけか自分と自分のビジネスパートナーが、格下の待遇を受けていると感じたようだ。

だが私は、重役みんなの配置を決めることが大切だと説明した。そうすればスタッフが何か早急に話がしたいというゲストを私たちの下に連れてくることができるし、ゲストが挨拶に来てもすぐにスタッフが案内するので、無駄にウロウロさせることもない。

こうした変化は取るに足らないように思えるかもしれないが、私の指導的なアプローチにとってはとても重要なことだった。チームのメンバー全員に対して、責任の所在について深く考え、常に改善しようという意識を持ってほしかった。他の会社から「ベスト・イン・クラス」の実行力を学んで、ＮＯＡの状況に応用してもらいたい。そして彼らや彼女たちから、「いつも通りだから、これでいいんだ」というメンタリティを払拭させたかった。これで十分ということなどない。自分たちのアプローチが、今この瞬間にとってふさわしいかどうかを、常に確認しなければならない。

最後に紹介する新たな慣習は、Ｅ３の最後の夜に登場する。私は大きなスイートルームでパーティを開いた。当初これは私のセールスとマーケティングのメンバー、代理店のパートナー、仲間の重役への「感謝」として始まった。Ｅ３のために集まった、日本や子会社の任天堂のメンバーも招待した。数年が経つうちに、他の重要な部署のスタッフも含め、私の部屋では収まり切らなくなっていくのだった。

Ｅ３をよどみなく実行するために、どれほどみんなが頑張ってくれたのかわかっている。そしてメディアやビジネスパートナーの反応など事前にはわからないものの、私は成功を信じチームに感謝する心積もりでいた。任天堂のゲームキャラクターを施したラペルピンと小さなカードをたくさん用意し、チームのメンバーを選んで、その期待以上の業績に感謝するメッセージを書いた。

そのうちの1人は、販売店とのミーティングやホスピタリティのイベントで頑張ってくれた、マーケティングチームのマネージャーだ。彼女はこれまでと同じような意味のないやり方を繰り返すのではなく、私のやり方に合わせて大きなパラダイムシフトを受け入れてくれたのだ。集まった人たちの前で私にねぎらわれ、彼女はとても驚き、それから目に涙を浮かべて、カードのねぎらいのメッセージに感謝してくれた。

「ケリー」と私は声をかけた。「こちらこそ感謝するよ。私を信頼して新たな方向に転換し、実現のために懸命に働いてくれた。君はこれからの方向性の模範となる人だ」。その瞬間から、彼女はあらゆる仕事に最高のモチベーションを持って尽くしてくれた。こうしてもう1つの伝統、レジーピンが生まれるのだった。

こうした努力によって任天堂は変わっていった。これまでは会社は縦割りだった。アジアを統括するＮＣＬ、ヨーロッパを統括するＮＯＥ、そしてＮＯＡという3つの地域は、プランやベスト・プラクティス（成功事例）をシェアすることがなかった。地域間で競争し合っていたことがその根底にある。

私はこれとは違う視点を持っていた。他の地域から学び、その最高のアイディアを応用し、同じ失敗は避けたいと思っていた。互いを信頼し率直な対話を促すために、個人間の関係性を重視した。

レジーピン、そして何よりそれに添えた手書きの手紙は、成果を出した人に対する私からの個人的なごほうびだ。セレブが集うイベントの公のフォーラムでこれを手渡しすることで、もらった人は喜びもひとしおとなる。認めてもらったことで、チームのメンバーはより懸命に取り組み、より多くを成し遂げようとする。

要するに 30

よいアイディアは盗む

まったく斬新なアイディアなど存在しない。他のアイディアを盗んで応用するのもありだ。私は初期のP&Gの時代からの習慣で、競合他社だけでなく、同じ任天堂の他の海外法人も注意深く観察していた。よいアイディアは盗み、そこに自分なりのひねりと機転を加えて、自分のビジネスに応用する。

結果を出したごほうびとして部下に手渡す手紙もそうだ……実はこれも私がこれまで出会った最高のマネージャーたちがしていたことだ。

ビジョンを具体化する

私にとって最初のＥ３とニンテンドーＤＳのお披露目は成功だったが、解決すべき課題をいくつか残した。

イベントで披露したＤＳの試作品について、厳しいフィードバックをもらった。デザインがずんぐりしていて安っぽいという印象を持たれてしまったのだ。スクリーンは小さくて、画像は粗かった。

今回の２００４年度Ｅ３には、ソニーもPlayStationの試作品を出していたこともあり、一層批判が強くなってしまった。PlayStationはひと際大きなスクリーンで、見た目も美しかった。実際に使っていれば、スクリーンに指紋の跡が付いたり、ひび割れたりする可能性もあるが、問題ではなかった。Ｅ３の閉じられた空間の中では、参加者がしばらく機器を手に取ってそっとソニーの担当者に戻すと、すぐさま指紋がぬぐい取られるのだった。

一方でニンテンドーＤＳのゲームソフトを紹介すると、プルーフ・オブ・コンセプト（＊概念実証、試作開発の前段階における検証）のデモ段階ではあったものの、ブースの参加者はこれを完成したゲームとして評価してくれた。このブースが私たちにとってメッセージを発信する重要なエリアとなる。私たちは、これはあくまでも一例であって、スクリーンに触れてスタイラスペンを使って照準を定めたり、システムのマイクに呼びかけて操作したりなど、ゲームでこういうこともできますと補足した。メディアの大半は私たちのメッセージを理解してくれたが、それ以外の多くの人たちは納得せず不満の声を上げた。

私たちは目標として掲げた約束を守るために、制作のペースを上げなければならなかった。

「メトロイドプライム　ハンターズ」

２カ月足らずで、私たちがＤＳのデザインを微調整してこれを世間に披露すると、反応も大きく変わった。

この陰で私はシステムの最初の販売をブラックフライデーにしようと、南北アメリカに働きかけた。なにせアメリカでは感謝祭の翌日に当たり、１年で最大のショッピングデーだ。そして最初に販売するなら、すべての地域の中で最大の生産配分を受け持つこのアメリカがふさわしい。これまで販売は常に日本がまず先で、需要の動向が明らかになるまで、生産配分も優遇されていた。このため、販売の照準をブラックフライデーに定め、しかもアメリカ先行販売という２つのプランは前代未聞のことだった。

私はセールスとマーケティングのチームを集めて販売プランを検討した。私はプランの各ステップについてしっかり検討して、現在の状況にとってこちらのプランがふさわしいことを確認し、古いやり方には頼らなかった。

例えば、チームが各販売店に対してサポートプランを提出するよう呼びかけるプランニングの戦略を取り入れ、より多くの販売在庫を用意して、より積極的に活動する販売店には報奨金を与えることにした。これは現時点のマーケットシェアに基づいて、在庫を配分するだけの古いやり方とは違っていた。私の新たな取り組みによって、販売店は私たちの成功に懸けて独自にマーケティング活動を行い、現状打破が進んでいった。

もちろんこうした新たなアプローチは、いずれもリスクを伴うものだ。それでも私は自分のリーダーシップの下で行う最初の新製品の販売だけに、文句なしの成功を収めたいと思い、社内のチームを懸命にプッシュした。

私は親会社にも懸命にプッシュした。岩田氏には率直なメッセージを送った。ニンテンドーDSを世界的に成功させたければ、まずはアメリカでの成功が不可欠だと強くプッシュしたのだ。

私たちはマーケットに向けた主要なゲームである「メトロイドプライム　ハンターズ」の完成を、開発チームにプッシュした。これは1人用のシューティングゲームだが、無線を使って最大4人で競い合うことができる。「メトロイドプライム」はマーケットでヒットしたゲームキューブ向けのシリーズで、ニンテンドーDSの販売にこれを使えば、スタートダッシュできる。だがあいにく開発はこちらの望み通りには進まなかった。

そこで私は別の案を提唱した。開発の軸足を変えて、最初のニンテンドーＤＳに収録して販売するスタンドアロン（＊ネットワークに接続しないで動作する）のデモの開発に移る案だ。これには賛否があり、デベロッパーたちはコンテンツを無料にすることを嫌がった。しかも開発チームにデモに取り組んでもらうとなると、「メトロイドプライム」の完成品の販売を少なくとも半年先送りすることになる。

私がすでに岩田氏と宮本氏と信頼関係を築いていたおかげで、２人は「メトロイドプライム ハンターズ：ファースト・ハント」のデモを、南北アメリカで販売するニンテンドーＤＳに含むことを承諾してくれた。初回の販売数は数百万台を予定していた。

こうしてニンテンドーＤＳは、南北アメリカで最初に販売された。結果的に２００４年の11月と12月、アメリカだけで売上は１００万台を超え、２００５年１月、任天堂はニンテンドーＤＳの世界への出荷が、予想を上回ったと報告した。

要するに
31

よりよい結果のためにまずは自分が行動で示す

よりよい結果を残すために、自分はもちろん、周囲の人間に対しても強くプッシュすることが何より大切だ。革新的なアイディアを追求する。これまで自分がいる業界で実行されなかっただけで、他の業界では普通に行われている、そんなアイディアがないか探してみる。何よりも結果が問われる場合は、無茶な要求を課しているのではないかとひるんではいけない。

まずは自分が行動で示すこと。自分を厳しくプッシュして、自分の目標を高く掲げるのを見れば、周囲もこれまで以上にあなたの要求に応えようと頑張ってくれる。

レボリューションの始まり

初動売上が好調なおかげで自信は深まったが、私たちは長期的な戦いを視野に入れていた。ニンテンドーDS、そして次のレボリューション（革命）というコードネームの家庭用ゲーム機によって、ゲームをみんなに届け、世界中でビデオゲームをする人たちの数を増やしたかった。

ゲームの革新は行き詰まっていて、他の会社はこれまでのゲームを焼き直していると私たちは思っていた。そしてゲームの中でのキャラクターを動かすコントローラーなどの入力機器は、複雑になりすぎているとも感じた。例えば、ゲームキューブのコントローラーは、2本のアナログスティックと十字キーも含めて、11個のボタンとトリガーがある。DSでボタンの配置を簡素化したのはこのためだ。DSではボタンの配置をもっと見やすくし、タッチスクリーンと音声入力マイクを加えた。そして宮本氏と彼のチームは、真に画期的な方法で、こうした特性を存分に使えるようなゲームを作ろうと真剣に取り組んでいた。

新しいゲームは、当時としては革新的なアイディアだった、「nintendogs」と呼ばれるペットシミュレーターだ。スコアで争ったり、前進したりすることもない。自分で名前を付けたペットの犬を育て、好きなときに触れ合うというものだ。スポーツやシューティング、アドベンチャースタイルのゲームとはまったく違う。実験的で道筋は決まっていないが、特に女性、若い女性にとっては楽しさいっぱいだ。

E3の初めに、どういうゲーム体験を届けるのかはっきり示さなかったことを反省し、私たちはこれまでとは違ったアプローチで、明確で強力なコミュニケーションプランに取り組んだ。スタッフはもちろん、メディア、財務の分析家、アクティビジョンやＥＡなどの大手のゲームデベロッパー、プレイヤー／ファンなど、私たちの関係者全員に、私たちの考えを理解してもらう必要がある。そうしなければ、強いネガティブな反応が仇となって、失敗してしまうかもしれない。

『イノベーションのジレンマ』から学ぶ

私たちは関係者にこちらのプランを理解してもらうために、何冊かの人気のビジネス書にある原則を活用することにした。岩田氏と私は2人共熱心な読書家だ。そこで、私たちは自分たちのアプローチをドラマチックに表現する効果的な理論を見出そうと、意見を交換し合った。

私たちが参考にしようと決めた最初の本は、クレイトン・クリステンセンの『イノベーションのジレンマ　増補改訂版』（監修：玉田俊平太、訳：伊豆原弓、２００１年、翔泳社）だ。クリステンセンは、今の顧客の需要に応える既存の道をそのまま進むか、将来のかつ曖昧な需要に応える新たなアプローチを取り入れるか、ビジネスを常に見直す必要があると述べている。この本がゲーム産業に打ってつけなのは、PlayStationとＸｂｏｘが従来通りの方向、つまり処理能力を増すことで、より画像をリアルにする方向に進んでいるからだ。対する任天堂は、この方向は行き詰まりだと感じていた。リアルな画像それだけでは、結果としてよりよいゲームは生まれない。そして処理能力が増すことで、コストが上がり消費者価格が上がることになり、マーケットの可能性を広げるどころか、制限することになる。

もし任天堂がゲームのしやすさや使い勝手のよさなど、他の方向に進めばマーケットを根本から変えることができる。このアプローチを使えば、不意打ちを食らった競合他社は何の用意もできぬまま、うちに追いつこうとしても追いつけず、窮地に立たされるだろう。

私たちが参考にしようと考えたもう1冊の本は、W・チャン・キムとレネ・モボルニュの『ブルー・オーシャン戦略』（訳：有賀裕子、２０１５年、ダイヤモンド社）だ。その核となるアイディアは、消費者にとって過剰に発展して飽和状態となったマーケット（レッド・オーシャン）を避け、競争のないこれからのマーケット、つまり「ブルー・オーシャン」に軸足を移したほうが、より利益が得られるというものだ。これは当時の任天堂のテーマを集約している。それはこれまでゲームをしてこなかった人たち、若い女性や50歳以上の人たちにアピールするゲームを作ることだ。この理論は先の『イノベーションのジレンマ』ともぴったり符合し、両者の考えを融合させて、私たちのアプローチを理解してもらえる枠組みが出来上がった。

要するに 32

コミュニケーションは取りすぎるくらい取る

新たな方向に舵を切るとき、リーダーは関係者全員とコミュニケーションを取りすぎるくらい取ったほうがいい。みんなに自分の方向性を理解してもらわなければならない。例え話や歴史の話を挙げることが、コミュニケーションの強力な要素となる。さらに同じ話を繰り返して、時に同じメッセージを、形を変えて伝えなければならない。繰り返すことで理解が生まれる。

私はこの2冊の本とそのビジネス理論を融合させて、記者との取材と財務分析のミーティングに臨んだ。ビジネスパートナーには本のコピーを渡して、読んでくれるよう促し、他のビジネス書を使ってライバル会社の戦略を支持するゲームメディアの記者とは議論に臨んだ。私が『イノベーションのジレンマ』と『ブルー・オーシャン戦略』を引用して私たちのアプローチを説明したことに感謝して、他にお薦めの本があれば教えてほしいと求めるファンレターまでもらった。

私たちが各方面にメッセージを伝えた甲斐もあって、「nintendogs」は成功した。以前のものとはまったく違うこのゲームは、世界中で大ヒットし、任天堂のファン層を幼い子どもから女の子にまで広げていった。ニンテンドーＤＳで２番目に売れたゲームソフトとなり、２００６年のＡＰ通信の「ベスト・ハンドヘルド・ゲーム」など、多くの栄えある賞を受賞する。私たちの戦略は、続くニンテンドーＤＳ向けソフト「ブレーンエイジ」の発売と次の家庭用ゲーム機の発表によって、さらに具体化されるのだった。

第5章

改革と決断に必要なのは「自分を信じる勇気」

任天堂にいた頃の私にとって、新たなフェーズへの入り口となったのが、「ブレーンエイジ」（脳を鍛える大人のDSトレーニング）の開発と発売だ。私がより積極的に構想をプッシュしたことで、西洋のすべてのマーケットに結果をもたらすことになる。

２００５年半ば、ＤＳは世界中でヒットしていた。だがヨーロッパとオーストラリア、そして私が管轄するアメリカ、カナダ、メキシコ、中南米などのマーケットは、売上を人口比率で見た場合、日本ほど業績を出していなかったため、私はこの事実を逆手に取ってＮＯＡを動かした。他の地域に比べて業績が低いことを伝えて、市場開拓戦略のあらゆる面を改善するよう、セールスとマーケティングのチームにはっぱをかけたのだ。

「ブレーンエイジ」（脳を鍛える大人のＤＳトレーニング）

問題の根本は、「nintendogs」を発売した時点で、西洋では新しくて画期的なゲームソフトのパイプラインが脆弱だったことだ。日本では、多くの独特で画期的なゲームが登場し、ＤＳのタッチスクリーンを売りに、新たな顧客の獲得を目指していた。だがこうしたゲームのどれもが、西洋の主要な言語向けにローカライズされておらず、西洋での販売を重視したものでもなかったのだ。

２００５年の春に発売された「ブレーンエイジ」はこれまでと違い、日本のＤＳの売上に永続的な影響をもたらしていた。このゲームではタッチスクリーンとマイクを使ってパズルを解く。日替わりのパズルを解きながら自己チェックして自分の「脳年齢」を知り、ゲームをしながらこの年齢を下げていくのだ。「ブレーンエイジ」は、川島《かわしま》隆《りゅう》太《た》教授の研究が基になっている。川島教授は脳科学者で、日本の東北大学の教壇に立ち、研究を行っている。彼の研究は書籍化され、脳年齢の理論や様々なパズルを売りにして、日本でベストセラーになった。

任天堂のゲーム「ブレーンエイジ」は、岩田氏と川島教授が教授の理論をゲームにどう活用するか、アイディアをブレーンストーミングした結果生まれたものだ。このゲームは

５カ月足らずで開発され、２００５年5月19日に日本で発売された。

ビデオゲームでパズル、算数、音読など、本来なら楽しくないはずのエクササイズを楽しく変えた以外にも、「ブレーンエイジ」とそれがもたらす結果は、様々な面でこれまでと違っていた。

販売店への初期割り当て分は瞬く間に完売した。日本では本社が販売店にこのゲームソフトを再び仕入れるよう働きかけて売上が伸びるなど、極めて異例の動きを見せていた。というのも、日本はトレンド主導のマーケットであるため、わずか数週間で熱狂が嘘のように醒めてしまうのだ。ビデオゲームのソフトが最初に発売されてから、売れ行きは時間とともに急激に落ちていくのが一般的で、時期的にホリデーとぶつかるでもしなければ、滅多に回復することはない。

ところが「ブレーンエイジ」は、まったく異なった売れ行きのパターンを見せていた。発売してからずっとウィークリートップテンを維持していたのだ。発売されたばかりのニンテンドーＤＳが、これまでとまったく違ったゲーム体験であるにもかかわらず、売上は衰えなかった。

このゲームのターゲットは、これまでビデオゲームをやったことのない人たちだ。こうした人たちはニンテンドーＤＳを持っていないため、ゲームをするには子どもや孫から借りるしかない。その後も引き続きこのゲームソフトを楽しむために、自分用のハードウェアを購入する。これは大きな買い物になるはずだが、日本のマーケットで実際にこうした現象が起きていた。

程なくして、親がＤＳをずっと使っていて困るという子どもたちの苦情が出始めた。「ブレーンエイジ」をずっと楽しみたいのなら、自分でＤＳを買ってほしいと子どもたちが親に訴え、それが功を奏したというわけだ。

ゲームのローカライズ

この結果に胸を躍らせた岩田氏と私は、「ブレーンエイジ」を西洋マーケット向けにどうローカライズするか話し合ったが、多くの課題が浮き彫りとなった。そもそも、西洋では手書き文字を認識できる既存のモデルがない。日本は文化的に同質化しているため、手書きを認識するマーケット向けのツールセットはすぐに作ることができるが、西洋では数字１つにしても手書きのパターンが様々なのだ。

ＮＯＡでテストプレイしたところ、様々な書き方があった。スピードがブレーンテストの重要な要素なだけに、ソフトウェアが様々な手書き文字を直ちに認識する、プロプライエタリ（システムの仕様や技術を独占的に保持し、情報を公開しないこと）・ツールを作る必要がある。

しかも音声認識にも同様のことが必要で、プレイヤーが声に出して読む日本発オリジナルの「ブレーンエイジ」と同等のモジュールを付けなければならない。つまり西洋マーケットのもう1つの困難は、言語の数だ。私の管轄地域だけでも、英語、スペイン語、ケベック系フランス語、ブラジル系ポルトガル語のバージョンが必要で、ヨーロッパのビジネスにはさらに多くの言語が必要になる。ソフトウェアをこれらすべての言語にローカライズするには、時間がかかる。

最大の問題は、「ブレーンエイジ」の価値を消費者にどう伝えるかだ。日本では、川島教授と彼の掲げる理論は非常によく知られていた。任天堂は販促グッズに彼の名前を入れて、ゲームの中ではプレイヤーに指導したり交流したりするキャラクターとして、ずんぐりした彼の顔を使った。だが日本以外の国では、これに関連する商品などまったく紹介されていなかった。

一方私たちのマーケットで人気が出ていたのは、数独という数字を入れ替えるパズルだ。数独パズルは大手の新聞でもクロスワードパズルと並んで掲載されつつあり、数独専門の本がベストセラーになっていた。多くの人が数独のパズルを解くことが記憶力の改善につながると考え、西洋では特に年配の消費者に大きな人気となっていた。

私は岩田氏に、「ブレーンエイジ」の西洋バージョンに数独を加えることを提案した。

「ミスター・イワタ、うちのマーケットで『ブレーンエイジ』の魅力が伝わるか不安です」と私は切り出した。「川島教授は西洋では名を知られていません。日本では教授のこれまでの研究を使って、『ブレーンエイジ』というソフトウェアを認知させることに大成功しました。ですが、こちらではそこまでの成功は見込めません。しかも日本の文化的な事情がこちらとは違います。日本では50歳以上の人口比率が、こちらを断然上回っています。アメリカやカナダとか、特にラテンアメリカで私が管轄するマーケットでは、購買層は大きく違い、若い人口がはるかに多いのです。うちのマーケットではこのゲームソフトについて、違った観点から考える必要があります」

「そこで、ゲームソフトを西洋向けにローカライズする際、数独を加えたいと考えています。こちらでは数独が大流行していて、数字のパズルが年配に人気ですから、ターゲットオーディエンスとして見込めます。しかも若い世代もパズルを楽しんでいますから、彼らにも届くはずです」

すぐに岩田氏はこう答えた。「レジー、『ブレーンエイジ』は川島教授の研究に基づくものだ。教授の本をヒントにアクティビティをデザインして、これを本人に納得してもらうまでかなり時間をかけて粘ったんだ。教授が数独を研究に使ったことがあるかもわからない。君の提案は実現が難しいだろう」

岩田氏は個人的に難しいアイディアだと考えているようだった。「ブレーンエイジ」を手掛ける際、彼はまず川島教授と会って、アイディアについて話をすることから始めていた。きっと任天堂が「ブレーンエイジ」のコンセプトをどう表現するかを、細かく説明したことだろう。岩田氏と仕事をするようになって数年後に知ったのだが、彼が笑顔をやめて、長めに間を置いてアイディアに反応するのは、それを気に入っていないからだ。それでも私はこう続けた。

「ミスター・イワタ、数独についての研究素材は、川島教授の理論と合致しています。頭のエクササイズを短時間集中して行うことは、記憶力の改善につながるようです。教授にそれを伝えて、これが西洋にとって意義がある理由を説明すれば、わかってくれるのではないでしょうか」

今の私の説得を聞いて、岩田氏の中でこのアイディアを川島教授に持っていって、どうやって支持を取り付けようかと考えているのが見て取れた。

アイディアを紹介して、いきなりその場で決断を迫るのは馬鹿げている。このアイディアについて、岩田氏に時間をかけてじっくり考えてもらうことにした。それでもいつも通り、メールやビデオ会議でのコミュニケーションになると、私は数独や川島教授との話がどう進んでいるか常に尋ねるのだった。

このアイディアを、別の角度からプッシュする必要もある。マイク・フクダが彼のチームと一緒にＮＣＬのデベロッパーと直接仕事をすることになり、私は彼の支援を取り付けようと動いた。すると彼らもアイディアを受け入れて、この新たな要素を日本で発売されている「脳を鍛える大人のＤＳトレーニング」にどう融合するのが最適なのかを検討したいと考えた。数独は簡単に追加できるアクティビティではないだけに、これをゲームソフトに統合するためには、新たなメニューとチュートリアルを作らなければならない。

ＮＯＡでは数独パズルを参考資料として用意していなかったため、早速マイクのチームは資料を取り寄せることにした。

私は数独に関する著作権や商標についても、リーガルチームと取り組んだ。これは私にとっても、早急に学ぶべき新たな領域だった。

数週間足らずで私は岩田氏から回答を得た。川島教授が数独を追加することに積極的に同意してくれたとのことだ。ＮＣＬのデベロッパーも、西洋で「ブレーンエイジ」をできる限り魅力あるものにするにはどうすればいいか考えていただけに、これを聞いて胸を躍らせた。

要するに
33

仲間を作ることが決定を後押しする

新しく刺激的なアイディアを売り込む際は、仲間を作ることが必要だ。様々な角度からアイディアをプッシュすることによって、最終的な意思決定者が構想を支援してくれる可能性が高まっていく。

逆にあなたが最終的な意思決定者で、多くの部下がアイディアを提唱している際は、彼らが議論を重ねて団結しているかどうか、確認しておくことをすすめたい。

次世代のゲーム機

私たちは手書きと音声コマンドの問題を解決し、スムーズに数独を統合させて、2006年4月にゲームソフトとして発売した。日本のマーケットと同様に当初の売れ行きは落ち着いていたが、月を追うごとに増していった。何より重要なのは、ゲームソフトが売れることで、ハードウェアの売れ行きも新たに増したことだ。ゲームの世界を拡大させようという私たちの目的が達成されつつあった。

ニンテンドーDSに弾みを付ける一方で、私たちは次の家庭用ゲーム機についても懸命に取り組んでいた。伝えるメッセージについては慎重に考えた。公にはこのシステムを「レボリューション（革命）」と呼んで、ゲームプレイで革命を起こしたいという思いを込め、任天堂のファンには、新しいシステムの重要な特徴を伝えた。バーチャルコンソールというサービスを使ってダウンロードすることで、以前にリリースされたＮＥＳやＳＮＥＳ世代のゲームを楽しむこともできる。

私たちは２００５年の東京ゲームショーで、新たなシステムのコントローラーを公開しようと決めた。今度のシステムは家庭でみんなに楽しんでもらいたかったから、コントローラーを平らで長方形のテレビのリモコンそっくりにデザインした。それを手に取れば、左右どちらの手を使ってもプレイできる。

コントローラーには動作認識とジャイロスコープのテクノロジーが盛り込まれていて、つまりリモコンを振ったり向けたりすることで、ゲームを進めることができる。コントローラーを使いやすいように、ボタンの数は制限した。コアなゲーマー向けのより複雑なゲームソフトを届けるために、レバーが付いた入力機器のジョイスティックを付属してボタンを追加することで、機能性を増した。

東京ゲームショーで、私たちはコントローラーと何枚かの静止画像を見せるに留めたが、新たなゲームソフトで体験できることをアピールして、みんなの想像力を掻き立てた。

私は２００５年暮れに再び東京に行き、メッセージとレボリューションの初公開に向けて引き続き準備に取り組んだ。繰り返しメッセージを公表したおかげで、ファンの関心を維持できているという確信が社内で生まれていたが、２００６年５月のＥ３に向けて重要なサプライズは残しておきたかった。

岩田氏が２００６年3月のゲームデベロッパー会議（ＧＤＣ）で、別の基調演説を行うことになっていた。その前の年に、彼は「ゲーマーの心」というタイトルで、見事なスピーチを披露している。そのとき彼は、任天堂の社長になるまでの道のりについて語りながらも、自分の中では常にゲーマーでいたいと言った。このときのスピーチ原稿の作り方は、私の「敵を叩きのめす」スピーチのときと非常によく似ていて、岩田氏もまたドン・ヴァリューと一緒に何時間もかけて、自分の生い立ちと動機を伝えようと案を練ったのだ。私はこのときの打ち合わせのいくつかに参加したが、有意義な経験だった。

ところが今回、私たちは本番を前に不安だった。岩田氏の咽頭炎が悪化し、スピーチの前日、彼はほとんど声が出ない状態になってしまったのだ。ドンと私は、状況が好転せずに岩田氏がスピーチできない場合に備えて、必死にバックアッププランに取り組んだ。そこで考えたのが、岩田氏にはステージに立ってもらい、私が代わってスピーチをするという設定だ。

つまり、私が腹話術師みたいになって、岩田氏の隣で彼の経歴を語ることになる。私は一晩かけてスピーチを読み、リアルタイムでどうやってそれを整えて、このマジックを成功させようかと思案した。幸い、岩田氏はスピーチができるくらいにまで回復し、彼がこれまで英語で伝えた中でも最高のスピーチを披露するのだった。

Ｗｉｉの登場

このＧＤＣ２００６の開催中、私たちは「ブレーンエイジ」の成功をネタに、任天堂のマーケットへのアプローチが他社とは違うことをアピールした。さらにレボリューションに関して、私たちは裏に回って、新たなコントローラーを開発中であること、完成すればビジネスパートナーも、自分たちのコンテンツを生かせるようになることを説明した。

ＧＤＣの数カ月後、私たちは新しいシステムの名前のベールをはがした。どの言語でも伝わる名前にしたい、できる限り多くの消費者にゲームを広げたいという、自分たちの願いをそこに込めた。その名も「Ｗｉｉ（ウィー）」。「ｗｅ（私たち）」と同じ発音をするこの名前には、どんな人でも受け入れたいという、私たちのアプローチの本質が凝縮されている。この名前（Ｗｉｉ）にひっかけてｗｅｅ‐ｗｅｅ（おしっこ）とからかう連中も出てくるだろうが、それも承知の上だ。多様性を受け入れる姿勢が込められた言葉だけに、敢えてこの名前で行こうと決めた。

２００６年のＥ３で私たちのメッセージは最高潮を迎える。任天堂とパートナーが一緒に取り組んでいるゲームを披露する時が来た。ニンテンドーＤＳとＷｉｉの両方に使えるゲームだ。６万人の来場者全員に、これらのゲームを試してもらうつもりだが、さすがに

2006年のE3に登場する著者と岩田氏、宮本氏（写真：Michael Tran ／ Getty）

これは難題だった。なにせ私たちには披露するゲームがたくさんあり、これまでのブースでは小さすぎる。特に一部のＷｉｉのゲームでは、テニスのラケットや野球のバットみたいに、リモコンを振らなくてはならない。多くのプレイヤーに並んでゲームをしてもらった経験を生かして、ブースの隣にかなりのスペースを確保し、Ｗｉｉのゲームを披露する場にした。

豊富なラインアップを取りそろえた中で、私たちのメッセージを突き動かしていたのは主に２つのゲームだ。プレイヤーが自身のアバターであるＭｉｉ（ミー）として対戦する５つのスポーツが入った「Wii Sports」。そして２００４年Ｅ３で公開したものを十分に進化させた「ゼルダの伝説 トワイライトプリンセス」だ。

誰もがプレイできるようにデザインされた「Wii Sports」は、野球、テニス、ゴルフ、ボウリングを取りそろえているから、世界中にアピールできるはずだ。Ｗｉｉの本体にあらかじめプリロードしたソフトウェアによって、自分のＭｉｉを作る際に皮膚の色、身長、体重、髪の毛、顔の表情、目の色などを選べるなど、創作の楽しさを体感させてくれる。それから友人のＭｉｉやＡＩのＭｉｉを相手にいざ対戦となる。ゲームは意図的にシンプルに作られていて、任天堂のスタッフの間でも開発中に対戦し合うほど盛り上がっていた。世代を超えて誰もがコントローラーを手に取るＷｉｉの力を披露するには、このゲームが最適だと私たちは考えた。

「ゼルダの伝説 トワイライトプリンセス」

一方で「ゼルダの伝説 トワイライトプリンセス」は、「Wii Sports」とはまったくタイプが違っていた。これまで通りの「ゼルダ」のゲームで、ヒーローのリンクを操作して敵と戦わせパズルを解かせて、プリンセスゼルダとハイルールの世界を助けようと冒険の旅に送り出す。昔からの任天堂のゲームファンに向けたこのゲームも、大ヒットするだろうという確信が、私たちにはあった。

社内で、私たちはゲームカンファレンスやＥ３全般の中で、この２つのゲームをどう優先して紹介するか真剣に話し合った。ゲームの役割はそれぞれに違っている。

「Wii Sports」はイノベーションの最たるものだ。これまでゲームをしたことがない人も初めてコントローラーを使ってプレイするなど、様々な人たちを刺激するまったく新しい体験を提供する。

一方の「ゼルダ」は現在のファンにとってはマストなゲームとなり、販売店にとっても主要な原動力となるだろう。重要なのは、アクティビジョンやＥＡなどの大手のゲームデベロッパーが、私たちのハードウェアで成功できることを、「ゼルダ」によって知ることだ。コアなファンに届く、これまで通りのアクション、スポーツ、シューティングスタイルのゲームがそのまま使えることが確認できるだろう。

最終的に岩田氏と私は、記者会見用に「Wii Sports」をイベントの締めという格好のポジションに据えることで、話をまとめた。私たちはコンテストを開催して、ステージでこのゲームを最初にプレイする機会をアメリカの消費者に提供することにした。幸運な勝者は宮本氏、岩田氏と私を相手に「Wii Sports」のテニスをプレイできる。「Wii Sports」が盛大なフィナーレを飾ることで、私たちのイノベーションがオンラインを通じて世界中の観客に届くだろう。

一方販売店へのプレゼンでは、「ゼルダの伝説」を締めに持ってくる。有名なシリーズだから、販売店は収益と利益を見込んで大喜びするだろう。

私たちは記者会見向けに他にもサプライズを用意した。燕尾服に身を包んだ宮本氏が、

Ｍｉｉがそろったオーケストラを指揮するという演出で、会見をスタートさせる。Ｍｉｉを指揮していた宮本氏は、新作ゲームのデモンストレーションの「指揮」へと移る。任天堂とライセンシー・パートナー（認可を与えられて共同で開発、マーケティング、販売を担当する会社）が共同で制作したゲームだ。満面の笑みと大らかな性格という、いつも通りの宮本氏がそこにいた。彼からプレゼンのバトンを渡された私は、Ｗｉｉとニンテンドー　ＤＳのピッチ（セールストーク）に全力を傾けた。こうして全般的にプレゼンは大成功を収めるのだった。

正しいと思ったら貫き通す

記者へのプレゼンが大成功したおかげで、記者会見後に岩田氏は、販売店へのプレゼンの順番を変更して、記者へのプレゼンと同じ流れにしたいと土壇場で私に言ってきた。それはつまり、「ゼルダ」のデモを短くして初めに持っていき、逆に「Wii Sports」のデモの時間を長くして、プレゼンの締めに持っていくということだ。

この土壇場での変更に対して、私は2つの理由で不安になった。1つは、締めに「ゼルダ」を公開したほうが、販売店の反応はよいという確信があったことだ。なにせもっぱら最低収益に目が行く経営者が集まってくる。私たちからハードウェア、ゲームソフト、アクセサリーを買って、それを消費者に売って儲けたいと考えている。私たちの戦略を理解しサポートしてくれるに越したことはないが、向こうは向こうで自分たちに最も好都合なものをプッシュするだろう。数百万人ものファンを抱えた大きなシリーズである「ゼルダ」がまさにそれだ。

２つ目に、岩田氏が提唱したプレゼンの変更は規模が大きかった。照明、音響、台本などかなり手厚くプロデュースしているため、そのどれもについてリハーサルをしないまま土壇場で変えてしまえば、失敗の可能性が大だ。

私は岩田氏を見つけて、彼の要望についてひそかに会談した。「ミスター・イワタ、次の販売店のプレゼンで、『Wii Sports』と『ゼルダ』の順番を変えたいとおっしゃいましたが」

「そうともレジー」と彼は言った。「記者へのプレゼンはすこぶる好評で、Ｗｉｉが大きな盛り上がりを見せている。販売店を同じように盛り上げるために、同じプレゼンをやるべきだ」

「ミスター・イワタ、おっしゃる通り、記者へのプレゼンは大成功でした。『Wii Sports』はまさに奇跡のゲームです。参加者が直に参加することで、引き続きポジティブな反応が得られることでしょう。ですが議論した通り、販売店のニーズは違います。向こうはうちのラインアップを見てどのゲームを販売し、Ｗｉｉを何台注文しようか見積もります。

『ゼルダ』がハードウェアの販売に拍車をかけるのは周知の通りで、販売店は今度の『ゼルダ』に、どこまでそれができるか見極めたいと考えています。メディアにはお馴染みのシリーズですから、記者イベントでは『ゼルダ』をちらっと紹介するに留めましたが、販売店はもっと多くを見たいと望んでいます」

「しかも、ミスター・イワタ、ステージ登壇のわずか数時間前というこの段階で変更するのは、大混乱のもとです。技術的な問題でこれまでの努力を無駄にすることはできません。これまでのプラン通りに進めるべきです」

　私たちはこれまで通り議論し合った。押したり引いたりして互いの意見を聞きながら、今ここにいる真の目的と真のリスクをあぶり出していく。そして議論が長引くほど、実行に伴うリスクが高くなる。最終的に岩田氏は折れて、当初の通りのプランで行くことにしてくれたが、このとき彼は私に少し失望したような気がした。

　彼からすれば私にただイエスと言って、グローバル・プレジデントとしての自身の要望を尊重してほしかったのだろう。だが私はビジネス、そして組織にとって正しいことをしなければならない。「ゼルダ」というゲームを理解してもらうことが、私たちのマーケットにとって何より重要だった。販売店がこのゲームに夢中になってくれたら、ゲーム機のＷｉｉも盛り上がるだろう。

　しかも「ゼルダ」の成功は、西洋のデベロッパーのサポートを得る上で重要だった。デベロッパー側は、自分たちが作るスタイルのゲームがＷｉｉでも楽しめることを確かめたかった。自分たちが次に出す、スポーツやアクションゲームを待ち望む10代後半の青少年に、Ｗｉｉを購入して待っていてほしかった。「ゼルダ」が成功すれば、それが現実となる。

　スケジュール通りスタートする数時間前に、構成が決まっているプレゼンを大きく変えれば失敗するのは目に見えている。そうなればチームと私の責任となる。誰が変更を指示したのか追及するどころの騒ぎではなくなる。

　プレゼンの流れが販売店に大きな影響を及ぼすのは間違いない。販売店は、先の記者向けのプレゼンで紹介された「Wii Sports」が、ネット上でバズっているのを目の当たりにしていた。「ゼルダ」についてもっと情報を知りたいというファンのコメントも見ていた。だから販売店の間では、「ゼルダ」のクオリティと、Ｗｉｉの発売と併せて「ゼルダ」が登場するかどうか、様々な憶測が生まれていたのだ。

要するに 34

自分の経験、学び、信念を深く掘り下げる

リーダーの仕事は困難だ。あのとき上司に譲歩したほうが楽だっただろうが、私にはあの状況で何が正しいかわかっていた。上司との関係や自分の社内の立場が悪くなるリスクがあっても、私は意見を変えなかった。

厳しい決断に直面したとき、自分の経験、学び、信念を深く掘り下げる。リスクも考えなければならない。コンセンサス通りに進めた場合、あるいは逆に別の意見をプッシュした場合のリスクを考える。

思い切った決断をするのはそれからだ。

プレゼンの余波

プレゼンは大成功だった。私たちがさらに踏み込んで、Ｗｉｉを購入するほぼ全員が併

せて「ゼルダ」も買ってくれると期待を盛り上げたことで、販売店からＷｉｉと「ゼルダ」両方の初期割り当てを多数求められた。その要望はこちらの楽観的予想をも上回った。

岩田氏が飛行機で日本に戻る土曜日に、私は彼と朝食を共にして、Ｅ３のアクティビティに対する販売店と消費者の反応について報告した。「ミスター・イワタ、私たちが目標を達成したのは間違いありません。昨日Ｅ３の扉が開くなりショーの参加者がうちのブースに殺到する映像が、すべてのゲームサイトで出回っています」

Ｅ３最終日となる前日の金曜日、ドアが開く前にＥ３のエントリーハウスの外に行列ができていた。参加者がショーの最終日用のバッジを譲ったり売ったりしたためだ。参加者は前日までに、自分たちの望む製品をすべて見てしまい、あとは家路を急ぐだけ。そこでゲームファンや、近くの電化製品とビデオゲームの店から来た店頭販売員が、木曜の夜に帰ろうとする参加者に近づいて、最終日のバッジを譲ってもらったのだ。

「このときの『熱狂を捉えた』映像ビデオの１本では、ファンがプレステのブースをそのまま素通りしていきます」と私は続けた。「任天堂のブースに直行して、ＷｉｉやＤＳを見ようと並び始めたんです。ソニーの重役たちが、不思議そうに首をかしげていましたよ」

「それからミスター・イワタ、私たちはまだ販売店に向けたプランに取り組んでいるところですが、Ｗｉｉと主要なゲームソフトの注文は、当初の高い見積もりをも大きく上回りました。来月私が日本を訪ねたら、一緒に製造プランを見直す必要があります。ただ増産については、今から考えたほうがいいかと」

岩田氏はうなずいて基本的な質問をいくつかするが、心ここにあらずの様子だった。私が指示に従わず、販売店向けのプレゼンで「Wii Sports」と「ゼルダ」の順番を変えなかったことに、まだ腹を立てているのだろうかとつい考えてしまった。

次の月曜日は素晴らしいスタートだった。前週のＥ３の成功にすべてを注ぎ込んで疲れてはいたが、そこで紹介したアクションアイテムをフォローするのに頭がいっぱいだった。販売店はＷｉｉとゲームソフトの割り当てについて話し合いを求め、価格と発売日の詳細についても、いつ知らせてもらえるのかとせっついてきた。私たちはこの熱気に乗じて、ニンテンドーＤＳを直ちに販売してくれるところを、もっと増やそうと考えた。

多くのメディアからＷｉｉの開発の裏話について知りたいと問い合わせがあり、ＰＲチームはこうした要望を重視した。なにせ２００６年暮れのホリデーシーズン発売までの夏から秋にかけて、消費者の関心を高く留めておく必要がある。

さらに私たちは、Ｗｉｉの販売広告の発信に向けた最後の仕上げとして、次の数週間で広告の撮影を終えなければならなかった。

まさか!?

こうした何かと慌ただしい中、岩田氏が今週末に再びアメリカを訪ねてきて、到着次第私と話をしたがっているという知らせを聞いて私は驚いた。何かの間違いだ！　前の週に一緒にロサンゼルスにいたばかりなのに。プライベートでも、より大きなグループミーティングでも、何時間も話をしていた。彼がすぐに戻ってくるほど新しくて緊急な要件とは何だろうか。

私は悪いほうに考えた。販売店へのプレゼンで披露するゲームソフトの順番について、あれこれ言い合ったことを根に持っているのだろうか。自分の信念を押し通したことで、私はクビになるのだろうか。それとももっと悪いことに、プレゼンの流れがうまく行かなかったと判断されたのだろうか。

私は内心意見がかみ合わなかったことを気にはしていた。いつもは彼の通訳を務める皆川氏もあの場にいなかった。話し合いの際に、岩田氏のメンツをつぶすつもりなど毛頭なかった。

どうせ解雇されたり叱責されたりするのなら、言うだけのことは言っておこうと決めた。私はチームに集まってもらい、プランが成功したことを示すパワーポイントの決定的なスライドを集めてもらった。Ｗｉｉ、「Wii Sports」、「ゼルダ」を紹介したＥ３で、任天堂がメディアとの取材や、オンラインの閲覧を独占していたことを、データにまとめた。私たちはこれまでの基準を超え、外部のデベロッパーが用意したライバル会社のハードウェアと他のゲームを超えてみせた。

こちらには、ＷｉｉとニンテンドーＤＳに販売店のサポートが深く関わっていることを示すデータもある。こうしたサポートは、他の副次的市場（小売業者を通じて製品が販売される市場）が達成しているものを超えたという自信が私にはあった。

このプロジェクトは、20数ページに及ぶ詳細なプレゼン用資料になった。「Wii Sports」を記者向けプレゼン、「ゼルダ」を販売店向けプレゼンの主役に薦めたことの完璧な裏付けであり、私の決定が正しかったことを示すものだ。

Ｅ３の参加者が私たちのブースに駆け込んでからちょうど1週間後の5月19日金曜日、岩田氏は到着した。彼は空港からまっすぐＮＯＡの本社に向かい、オフィスとして使っている会議室に入った。いつもなら、彼はまずホテルに寄って汗を流し、服を着替えるところだ。だが今回は違った。そして私とのミーティング後に、他の執行副社長それぞれと会談し、その日の遅くにグループで落ち合う予定であることを知った。これはすべてまったく異例のことで、私の不安をますます煽るものだった。

ＮＯＡの社長である君島氏が私の付き添いで来てくれて、一緒に岩田氏の臨時のオフィスへと向かった。私はプレゼンのコピー3冊、題して「NOAのE3プラン」を抱えていた。部屋に入る寸前で、君島氏は私に首を傾けて「レジー、大丈夫だよ」と意味深に言った。どういう意味なのだろうか。

岩田氏はテーブルの上座に座り、私には右に座るように言って、君島氏を左に座らせた。飛行機の旅はどうでしたかと聞いたが、彼の表情から散々だったことがすでに窺えた。乱気流が発生して、思ったほど眠れなかったそうだ。ミーティングでも乱気流が発生しないことを願うばかりだ。

プレゼンのコピーを渡そうとすると、岩田氏は私の手を止めて、逆に2ページの書類を手渡した。「さあ来たぞ」と私は思った。

タイトルは「昇進」だった。

私は最初の1行を呼んだ。「私は貴殿にNOAの社長、及びCOO（最高執行責任者）の地位を喜んで授ける」

私は「まさか！」という言葉しか出てこなかった。

要するに
35

常に正直であること

自分がどうして頂点に上り詰められたのか、振り返って考えることが何度もある。答えは1つだけではないが、これだけは言える。私は収益を出すことを課せられた重役そしてピープルリーダーとして、これまで学んだことをすべて生かして結果を出した。結果を出したことで注目を集め、さらに責任ある役職に就いたということだ。私は自分を信じる勇気を持ち、必要とあらば信念を貫き通した。あなたも自分の意見はプッシュしたほうがいい。

そして私は常に正直だった。岩田氏に対してもチームのメンバーと同じように接した。リーダーにおいて、正直でいることもまた非常に価値ある資質であり、相手もそれに気づいたら相応の対応をしてくれる。

社長として急ぎ取り組んだ3つの問題

ＮＯＡの社長となった私は、セールスとマーケティング部門で使ってきたスキルと戦略を、会社全体に波及させていこうと考えた。

まず直属の部下と以前の同僚に対して、私が彼らの部署について理解しており、その構想を支援していくつもりであることを納得させなければならない。財務、テクノロジー、オペレーション、製品開発、商務を担当する重役もその対象だ。

私はそれぞれの重役と彼らの仕事を深く理解するためにレビューミーティングを開いた。彼らと関わる人たち、特に副社長や重役レベルと会うことに集中したのは、この人たちが会社の未来のリーダーになりうるからだ。未来に向けてみんなを適材適所に配置するためにも、私のほうでどこの選手層が厚く、どこが薄いのかを知る必要があった。既存の優先事項が本当にそれでいいのか、私自身が主要な業務を支援できているのかを確認するために、いろいろと質問をぶつけた。

こうして会社の至るところでミーティングを開くことで見えてきた、緊急に取り組むべき3つの共通した問題に私は集中した。まずその1つは、ＮＯＡが高度に縦割り化していること。各部署には独自の優先事項があるが、会社全体としての優先事項はなく、すべてをどう融合すればいいかもわかっていなかった。これは慣習の問題だ。

　例えば日本では山内溥氏、そしてＮＯＡではその義理の息子の荒川實《あらかわみのる》氏によって、それぞれ一元的に管理されていた。つまり日本では山内氏が主導権を握り、ＮＯＡでは荒川氏がすべての決定を下していた。このため各組織で内部のコミュニケーション不足と、チームワーク不足に陥っていたのだ。

問題①　縦割り化した構造

　この縦割り思考の典型的な例が、２００５年秋のゲームボーイ ミクロの発売だ。このとき私たちはすでにニンテンドーＤＳを発売し、この商品を長期的に成功させることに専念していた。ゲームボーイアドバンスの売上が落ちていたので、ＮＯＡはブラックフライデーのプロモーションで大安売りを計画、残った在庫を処分しようと考えていた。このプランが生まれたのは２００５年初頭のことだ。その後程なくして、私は初めてゲームボーイ ミクロのことを聞いた。オペレーションと製品開発のメンバーは、私よりずっと先にミクロのことを知っていたのだ。

　私の視点から見ると、ゲームボーイ ミクロのコンセプトは失敗だった。ハードウェアは異様に小さい。コントロールボタンは小柄な大人でも操作が困難で、スクリーンも小さかった。これはスクリーンがより大きくなっている消費家電のトレンドに逆行するものだった。

だがこうしたハードウェアの開発は続き、このシステムを発売せざるを得なくなった。「これについてはずっと前に話し合っておくべきだった」と、私はドン・ジェームズとマイク・フクダに言った。「この製品はうちのマーケットを混乱させる元凶だから、マーケットに出さないか、またはグローバルなプロジェクトを中断させるか、いずれかの共通認識がみんなに必要だった。力を合わせれば違った結果になったはずだ」。私は別に彼らを責めるつもりはなかったし、２人とは当時は同僚だった。私はただ、会社の運営が縦割りであるため、ＮＣＬから届くプロジェクトに、こちらでうまく対処できていないと言いたかったのだ。

案の定、ゲームボーイ ミクロは全世界で発売されるも、パッとしない結果となった。最初の１カ月の売上は１００万台に届かず、４カ月経った２００５年の末でも、２００万台に届かなかった。

私はこの失敗をＮＯＡの教訓に用いた。それはつまり、会社の経営陣には優先事項について、絶えずコミュニケーションが必要であるということだ。社長としての私の解決策は、経営幹部のチームと毎週ミーティングを開いて、主な優先事項とその進捗状況を確認することだ。当初一部で不満が聞こえた。「本当に毎週やるのか」と誰もが口をそろえていた。

ミーティングが増えることを喜ぶ重役は1人もいなかったが、始めた途端に誰もがメリットを見出した。不満の声はやみ、情報共有が加速し、構想が順調に進む成果を直接目の当たりにするのだった。

新たな会計年度が始まり、私たちは次年度の優先事項に関して足並みをそろえ、こうして会社全体にコンセンサスが行き渡っていった。そして私が岩田氏ともこうした優先事項を共有することで、岩田氏は次年度の任天堂の優先事項全般について、考えをまとめていくのだった。

要するに
36

真の連携を築くことが重要である

リーダーはミーティング、電話、デジタルコミュニケーションをまめに行うことで連携を築く。リモートワークが主流となりチームが分散したこの時代だからこそ、真の連携を築くことが以前にも増して重要となっている。

チームと個人が自分たちだけのバブルに浸かっていれば、連携を優先事項としなくなってしまう。特にそれが起こるのは、様々な部署やグループ内で縦割りが発達している場合だ。道を踏み外すことなく会社を前に進めるために、絶えず情報を共有して、誰もが同じプレイブックを使っていることを確認しながら進まなければならない。

問題②　行動と報酬の一本化

私が2つ目に気づいたのは、ＮＣＬとＮＯＡには確固たるカルチャーが出来上がってはいたものの、自分たちがどういう行動を評価し、それが社内でどう昇進につながるかを明確にしていなかったことだ。

ＮＯＡは２０００年代初頭において雇用形態が時代遅れだった。大西洋岸北西部はテクノロジーすべての分野にわたって、すでに売り手市場真っ盛りとなっていた。社員は一般的に会社から会社へと移ることで、給料と肩書を上げていくものだが、ＮＯＡはそうではなかった。社員は平均して会社に8年残るなど、勤続年数が異様に長かった。ビジネス自体が面白くて、絶えず新製品を出すペースのおかげで、社員も楽しくて残ってしまうのだ。しかも個人の業績と結果責任に目が行かないことも、むしろ社員には居心地がよい環境で、特に仕事のできない人間にとってはそうだった。思えば、入社の面談時に人事代表のフリップ・モースと初めて話したときから、うちが社員育成戦略に欠けていることはわかっていた。

セールスとマーケティング部門の代表だった頃の私は、すでに業績管理法を用いていた。全社員に対して半年に一度の自己評価を済ませ、これを部署の代表にチェックしてもらうよう求めた。業績の悪い社員に行動プランを適用し、業績の向上もしくは退社へと導くのだ。社員の気持ちを汲みながら、かつこちらがその人に改善してほしい行動を明確にしながらこれを行った。

例えば、セールスとマーケティング部にいたあるＶＰ（バイス・プレジデント）は、専門的な仕事では優秀だったが、人を管理することが不得手だった。私が就任してからわずか1カ月で、彼のスタッフメンバーが来て、彼への苦情を詳細に語った。他の部署にいた彼の同僚に話を聞いてみたところ、彼に人を扱うスキルがないことはよく知られていたが、専門に長けていたため、大目に見られていたことが判明した。

私はすぐに彼と会ってこう言った。「いいか、君が優れたツールを使っていて、専門性が高いことはわかっている。だが君は30人の人間を率いているんだ。君のチームの扱い方を見てきたが、どうも問題だ。君はチームを尊重して扱っていないし、彼らを育成する時間も作らない。もっと人を扱うマネージャー、そしてチームのリーダーとして成長しないと、会社での居場所はないと思ってくれ」

彼はショックを受けていた。誰もここまではっきりと彼に言ってこなかったのだ。私たちは彼に追加のトレーニングとエグゼクティブ・コーチ（管理職を指導するコーチ）をあてがい、2週間ごとに会って、特にピープルマネジメントの力が身に付いたかをチェックした。コーチから学んだこと、この新たなツールを使ってチームにどう役立てているかを彼に聞いた。彼のいないところで、彼の直属の部下に会って、彼に対する見方が変わったかを確認した。

結果的に、彼を甘やかす状況があまりに長く続いていたのがよくなかった。部下をきちんと管理してこなかったのに、何年にもわたって見て見ぬふりをされていたのだ。フィードバックがなかったこともあり、この状況がずっとまかり通っていた。部下の管理責任をなくして、専門的な力を発揮できるような別の職務を用意するプランがあることも、本人に伝えた。そう打ち明けてから数週間足らずで、彼は会社を辞めていった。彼の部署は喜んで彼を見送るのだった。

要するに
37

マネジメントの最も困難な仕事

報酬の対象となる行動を明確にして、業績が悪いときにはフィードバックを迅速に行わなければならない。業績の悪い人を組織の中でそのままにしておくと、本人にとってもチームにとってもマイナスだ。そして業績のいい人間は、自分はこんなに頑張っているのに報われていないと考え、不満の声を上げてくる。

優れた専門的技能を持ちながらチームワークを乱す人間に対処することは、ピープルマネジメントの中でおそらく最も困難な仕事だろう。リスクを伴うことが想定できる責務だ。しかしスキルが高いからといって、それを理由に職場環境を悪くしても許される人間などいない。

業績が悪い人間やチームプレイに反する人間を解雇することは、なかなかできることではないが、すべてのリーダーがマスターすべき必要不可欠なスキルだ。

私は社長として、これと同じアプローチを会社全体に広げた。経営チームや人事のグループと一緒に、私たちはＮＯＡにふさわしい基盤を5つの要素に分類した。

1．思考力—継続的なイノベーションやグローバルな視点など、社員に望む個々のマインドセットを考える。

2．結果—積極的に行動し、計画通りの結果を達成する。

3．自己分析—自信を持って、柔軟に行動できたか振り返る。

4．協調—提携し個人の相違を重視する。

5．リーダーシップ—有能なチームを築き、ビジョンを実現させることに専念する。

私たちはこれらの適性を広く伝えて、実績評価のプロセスに直結させ、みんなに望む振る舞いと、社内の進捗状況を明確にした。当初このために社員の離職が増えることになったが、企業カルチャーについてアンケートを取ったところ、社員が会社の将来についてどう考えているかに対して、好意的な意見が劇的に増えたことが明らかになった。

問題③　カルチャーの衝突

最後に気づいたことは、親会社であるＮＣＬと子会社であるＮＯＡとの軋轢だ。当時の日本は他のマーケットと違っていて、それは今も変わらない。人口は多いが山地も多いため、平野部に人口が密集している。このため1人当たりのスペースが狭い小さな一軒家が多い。なかには複数の世代が一緒に暮らしている家庭もあり、年配者は常に尊敬されている。他の先進国に比べて民族的な多様性は少ない。

ビジネスの観点から見て、日本のビデオゲームのマーケットにおいて、直接の競争相手はただ1つ、ソニーのPlayStationで、一方の南北アメリカとヨーロッパには、それに次ぐマイクロソフトのＸｂｏｘがいる。しかも1人用のシューティングゲームが西洋で大ヒットしていた。一方日本では、おばあちゃんを前にみんなが見るテレビで、このシューティングゲームに興じる光景など想像が考えられなかった。西洋のマーケットではコンテンツが多様化しつつあり、デジタルケーブルチャンネルを始めとする、インターネットのコンテンツがあふれていた。

結果的にＮＣＬとＮＯＡは、グローバルなゲーム産業の未来について、そしてビジネスを成長させる最善の策について、しばしば意見が食い違っていた。私がＮＯＡの社長になったとき、重役たちの間には、西洋の視点が無視されているという思いがあった。西洋のマーケットが収益と利益の75パーセントを占め、ＮＯＡだけでそれぞれの約50パーセントを占めていたにもかかわらず、こうした状況が存在していたのだ。

私のアプローチは、ビジネスの各部署を超えて、ＮＣＬとのコミュニケーションをまとめ上げることだった。財務に関する議論。技術的基盤とデジタルビジネスについての議論。製品開発の議論。こうしたビジネスの各部門でＮＣＬとのコンタクトを増やしていった。しかも具体的な機能の議論に加えて、私はより広範なビジネスのニーズについても絶えず伝えた。

例えば、特殊な新製品のニーズ。デジタルインフラへのニーズなど。ＮＣＬのエグゼクティブと京都で会うときは必ず、何がＮＯＡを動かし、何がＮＯＡの成長の後押しになってくれるかについて、理解してもらうようにした。

私は岩田氏との直接のコミュニケーションも増やした。私が日本に出張で行ったときも岩田氏がアメリカを訪問したときも、私たちは毎月のように顔を合わせた。いつも、他のリーダーと一連のグループミーティングを開いて、それから岩田氏と私は多くのプライベートミーティングを行っていた。重要な未来のニーズ並びに、近い将来のビジネスの問題を主に話し合う。私が賛否のある決定をプッシュし岩田氏に決断を促すまでに、問題をじっくり考えてもらったのも、こうしたミーティングでのことだった。

岩田氏や他のＮＣＬの重役がアメリカを訪ねた際、私たちはしばしばチーム主体のディナーを夜に開催した。これは互いをよりよく理解し合い、個人の話や経験を伝えるための素晴らしい機会だった。

だが私が日本を訪ねたときは、任天堂の重役とディナーを共にすることは滅多になかった。これは思うに岩田氏自身が疲れ知らずの仕事の虫で、夜遅くまで重役のメンバーとオフィスに残って、ミーティングを開いていたからだろう。簡単な食事を持ち込んでつまみながら、遅くまで新たなゲーム開発のプロジェクトについて話し合うことが多かった。

だが私がＮＯＡの新社長として京都に行った初めの頃、岩田氏は私をディナーに誘ってくれた。これは非常に光栄なことだった。なにせ岩田氏は滅多に部下をディナーに誘うことはない。私たちは京都の最も著名なレストランに行った。日本の食べ物が見事な技巧を凝らされて登場し、見た目も美しくて味も豊かだ。いつも素晴らしい料理がコースの形で６、７品続く。その晩私たちが頂いたのは、京都の川で獲れた魚や季節の野菜などのコースだった。

私たちは子ども時代について語り合った。２人共幼い頃に家に置いてある百科事典を読んでいたことを知って、笑い合った。私の場合、それは全26巻の『ワールドブック百科事典』だった。私たちは自分たちの情熱と、ここまで共に歩んできたことについて語り合った。「レジー、私たちはよく似ているね」「ミスター・イワタ、どういうことですか」。彼は世界的なゲームデベロッパーで、任天堂の4代目の社長だ。一方の私は無鉄砲なマーケターでビジネスの破壊者だから、似ているはずはない。

「レジー、任天堂は社員がずっと居続ける会社だ。だが君と私は外部から入ってきた」。岩田氏は２０００年に正式に入社し、２００２年に社長となった。「私たちは会社を前に進めながら、カルチャーを理解して維持しようという独自の課題を抱えている。君には全社員の声を聞いてもらいたい。みんなの視点を理解して、そこから君自身のアイディアをプッシュしてほしい。ただ君はとても強引なのが玉に瑕《きず》なんだ。うちの社員は、ＮＣＬの人間でさえ君の機嫌を取ろうとしている。確かに君はいいアイディアを出してくれるが、それがいつも正しいとは限らない。他の人の視点も考えてあげてくれないか」

踏み込んだ話となっていった。彼はこう続けた。「君にはもう1つ頼みたいことがある。私は任天堂を新たな方向にプッシュしたいと考えている。だが宮本氏と他のみんなは、ずっと会社の一員だった。みんなと手を取り合って前に進むために、手を貸してほしいんだ」

私たちは上司と部下、メンターとメンティー（指導される側）との関係から友人になった。私は彼の視点を自分の今後、つまり任天堂とそれ以降の仕事にも取り込むのだった。

要するに
38

最高のリーダーは他人の視点も重視する

リーダーは自己形成に努めなければならない。あなたがリーダーとして成功できたのは、自分のアイディアをプッシュして、自分のチームに対して個々の能力を超えてみろとはっぱをかけたからだ。

だが最高のリーダーは、他者からのインプットを求めて、それを土台にさらに発展させていくことができる。自分のアイディアに固執するあまり、他者の視点を取り入れないようではリーダーとは言えない。

Ｗｉｉの発売

ＮＯＡの社長としての新たな職務において、最初の重要な決断の1つはＷｉｉの発売プランだ。Ｅ3では成功したものの、任天堂はこの製品の発売の詳細について、すべてを明らかにはしていなかった。発売日、価格、初日に発売されるゲーム、これらすべてを決定しなければならない。私たちは2006年9月半ばにこれを発表しようと考え、私はＮＣＬの重役と詳細を話し合った。

岩田氏と私は、直ちに南北アメリカでのＷｉｉの先行発売について、足並みをそろえた。この戦略はニンテンドーＤＳではうまく行っており、ブラックフライデーのショッピングの盛り上がりは当時日本やヨーロッパでは存在しなかっただけに、南北アメリカでは重要なビジネスドライバーだ。ＮＯＡでのハードウェアの初期割り当てを最大にすることでも、２人の意見が一致した。

だがＥ３のプレゼンテーションと同様に、「Wii Sports」の最善の対応策について、私たちの話し合いが難航した。「Wii Sports」には魔法の力があることは全員の共通認識だ。Ｗｉｉリモコンを使ってゲームプレイを変え客層を広げる上で、まさに打ってつけのゲームだ。ＮＣＬの開発チームは、熱狂的なマニアの大半を満足させる深みをゲームに与えようと、いくつかの要素を加え、さらにグループでのプレイを促そうと、様々な競争要素を取り入れた。

消費者の誰もがこの素晴らしいコンテンツに親しめるよう、私は「Wii Sports」とＷｉｉをパッキングするよう提案した。この案を聞いて岩田氏はしばらく沈黙、彼のオフィスの白熱電球の音が私の耳に不穏に響いた。「レジー」と岩田氏は言った。「任天堂は貴重なコンテンツを無料で配るわけにはいかない。私たちは特別な体験を提供しようと懸命に努力している。消費者がうちのハードウェアを買おうと思うのは、独自のゲームソフトがあるからこそなんだ。それに私たちはこれらのゲームを、ずっと売り続けたいと思っている。だから『Wii Sports』をパッケージすることには反対だ」

「ミスター・イワタ、私はゲームソフトの価値をわかっています。独自のゲームソフトこそ、任天堂を差別化させてきたこともわかっています。ですがＷｉｉはこれまでのビデオゲームの歴史とは、まったくコンセプトが違います。Ｗｉｉの売りは独自のゲームプレイであり、その目標は、現在のニッチ市場から大衆市場のメディアへとゲームを拡大させることですよね。『Wii Sports』にはそれを可能にする力があります。『Wii Sports』は、Ｗｉｉを使う誰もが一緒に楽しめますから、Ｗｉｉを買ってすぐに楽しもうと思わせる重要なモチベーションになるのではないかと」

「しかもミスター・イワタ、任天堂はこれまでもゲームソフトをパックにして、システムの販売を後押ししてきたはずです」。自信を持ってそう言ったのは、自分が「スーパーマリオワールド」とのセットで、ＳＮＥＳを購入した経験があるからだ。

これは数カ月続くことになる話し合いの、まだ始まりにすぎなかった。これが適切なアプローチだと岩田氏を説得できても、それから宮本氏を納得させる必要がある。なにせ彼はすべてのゲーム開発の責任者だ。２００６年７月に京都に出張して新たなゲームを見せられた際、私の案が前進していたことを知った。

「レジー、Ｗｉｉの発売時に強力なコンテンツを加えたいという君の意見は理解している」と宮本氏は、岩田氏とフクダ氏を交えたミーティングで語った。「君の言う『Wii Sports』の代わりにこれを使おうと思うんだが、このゲームを見てくれないか」。開発チームは私に見せようと、「Wii Play」の初期バージョンを開発してくれたのだ。これは様々なミニゲームを集めたもので、Ｗｉｉリモコンの力を示すものでもある。Ｅ３で多くのゲームを紹介していたが、そこからさらに開発が進んでいたようだ。

　ゲームは楽しかった。１つはシューティングで、もう１つはテーブルテニス、そしてビリヤードの素晴らしいゲームがあった。だが「Wii Sports」のようなテーマとしての一貫性がなかった。そして何時間もプレイできるような深みもない。綿菓子みたいなもので、瞬間は楽しいが、満足感に欠ける。

「ミスター・ミヤモト、このミニゲームは確かに楽しいです。先のＥ３での体験を、開発チームがさらに洗練させてくれました。それにＷｉｉリモコンも見事に活用されています」と私は言って、さらにこう加えた。「ですが、『Wii Sports』ほど完璧な体験は感じられません。これをＷｉｉに加えても、『Wii Sports』と同じインパクトを与えるとは思えません」

「実は、私には別の案があります。Ｗｉｉに加える代わりに、このミニゲームのコレクションをＷｉｉリモコンとパッケージして、Ｗｉｉリモコンの売上を伸ばしたほうがいいのではないかと思います」。部屋は15秒ほど静まり返った。

　マイク・フクダがすかさず間を取り持とうと、日本語で話した。私は岩田氏と宮本氏の顔を見て、それから英語での通訳を聞いた。「レジーの言う通りです。『Wii Sports』は消費者にＷｉｉをすぐに理解してもらおうという私たちの目標を、予想をはるかに超えて達成しています。それにこのミニゲームのコレクションは、確かにマーケットに正規の値段で出せるほど、完成されたゲームではありません。目標達成のために、このゲームソフトの最善の使い道を考えるべきです。掟破りにはなりますが、これをＷｉｉリモコンとパッケージにしたら、Ｗｉｉリモコンが消費者の手により多く届くでしょう」

　そこでマイクと私はＷｉｉリモコンとミニゲームのパッケージを承認してもらおうとしたが、世界最高のゲームデザイナーである宮本氏は納得していなかった。彼の目から、これまでの笑顔と茶目っ気のある流し目が消えた。「君たちは２人共、みんなが愛するゲームソフトを作るまでの苦労がわかっていない。私たちは絶えず自分たちにプレッシャーをかけて作っているんだ。ゲームソフトを無料で配るわけにはいかないね」と宮本氏は反発した。

　しかし岩田氏は私たちのアイディアにすでに乗り気だった。「宮本さん、フクダさんとレジーさんは、デベロッパーの努力をちゃんとわかっていると思う。２人が解決しようとしていることは、日本の私たちとは状況が違うんだ」。彼は続けて、日本と違って西洋でヒットしたゲームのジャンルの流れから、私たちが直面するマーケットの状況について説明した。

　さらにマイクロソフトのＸｂｏｘ　３６０が２００５年に発売されたばかりで、西洋のマーケットでヒットしていることも話した。明らかに、こちらのビジネスのニーズについて理解してほしいとプッシュしてきたことが、ＮＣＬの重役に根付いてきているようだった。だがこのときのミーティングでは同意を得られなかった。続けて何度も行われたミーティングでもそうだ。だが私たちは最終的に宮本氏と岩田氏に、西洋のマーケットで、「Wii Sports」をコントローラーとセットで販売することを了承してもらった。さらに2人は、日本で「Wii Sports」を独立したゲームソフトとして売ることを決定した。

結果的にこれは様々なアプローチを試す格好の機会となった。Ｗｉｉは世界中で記録的ヒットとなり、南北アメリカとヨーロッパでは最高の売上となった。これらのマーケットで、私たちが「Wii Sports」のコンテストを、バーや老人ホーム、クルーズ船で行ったことも功を奏した。Ｗｉｉにゲームソフトを含むことは勇気ある決断だったが、正しい決断だった。

「Wii Play」とＷｉｉリモコンをパッケージにしたことも、正しい決断だった。世界はもちろん、日本でもヒットし、「Wii Play」はＷｉｉ史上5番目に売れたゲームとなった。

要するに
39

決断した以上結果を受け入れる

難しい決断でも常に前向きに検討する。逃げずに、こうした決断に立ち向かわなければならない。様々な角度から問題を考えて、難しい決断をする。切り抜けるしかない！ そして決断した以上は、結果を甘んじて受け入れることが大切だ。

自分を信じる勇気を持つ

Ｗｉｉとニンテンドー ＤＳがヒットしていた頃、多くの勇気ある決断があった。例えば、２００８年と２００９年に、私たちはこの2つのシステムを大幅に増産することに決めた。リードタイム（＊製品の発注から納品までの期間）を考えれば、この決断はもう1年早くにしておくべきだった！ ２つのハードウェアそれぞれを2年続けて約２０００万台売ろうという思い切った決断。そのために必要だったのは、深いビジネス的考察であり、そして勇気だ。

もう1つの勇気ある決断は、ＮＯＡがＷｉｉゲーム機でネットフリックスを視聴できるようにしたことだ。２００９年、このアイディアを私たちがプッシュしていたとき、ネットフリックスはまだディスクベースのＤＶＤのサブスクリプションから、デジタルのプラットフォームへ移行しようという時期だった。ＷｉｉはＤＶＤの機能を持たないため、デジタルサブスクリプションを目指して、ネットフリックスと組んだほうがふさわしいと私たちは考えた。そしてこれは実質的に北アメリカの構想だった。というのも、ネットフリックスはヨーロッパでは比較的小さく、日本では存在しないに等しかったためで、ＮＣＬの重役は、ビジネスの機会をあまり理解していなかったのだ。

このときＮＯＡは勇気ある決断だけでなく、正しい決断をすることでも評価が高かった。ＮＣＬのサポートを得て、私たちはネットフリックスがＷｉｉのゲーム機に来ることを、２０１０年1月に発表した。ネットフリックス、そしてグループで楽しめる「Wii Sports」を含めることで、Ｗｉｉはリビングルームのテレビにふさわしいゲーム機となった。その年のホリデーシーズンまでに、Ｗｉｉはビデオゲーム史上最速のペースで売れていた。

リーダーには常に厳しい決断が求められる。うまく機能している組織では、逆にみんなが権限を持っているため、簡単な決断は組織の下部で済ませてしまう。ところが深い亀裂を伴う最も厄介な問題が発生した場合は、結局リーダーに決断が委ねられる。

リーダーは水晶玉など持っていない。決断がうまく行くなど事前にわかることはない。だが、セミナーを開催して、問題を修正し、別の視点を得るために広範かつコンスタントに話し合う。それから最終的に、決断してその結果を受け入れる。別の角度からの視点を求めて、それから困難な決断を下すという岩田氏のアドバイスは、私にとって学びの経験としていつまでも胸に刻まれるものだった。

第6章　大きな方向転換——戦略を「スイッチ」する

ビデオゲーム産業の特別なところは、成功するために、企業がほぼ絶えず革新を続けていかなければならないことだ。通常、ＮＯＡは年間50を超える新製品を発表する。新作ゲーム、新しいアクセサリー、新たなハードウェアのバリエーションなど、信じられないペースだ。

これを成功させるために必要なのは、関係者に斬新な提案を常に届けようと一丸となるカルチャーであり、様々な方法を考えて消費者、ビジネスパートナー、社員に驚きと喜びを与えようと努める姿勢だ。

ニンテンドーＤＳやＷｉｉなどのゲーム機のプラットフォームは、次世代に向けて7年ごとに飛躍的な進歩が求められる。２０１０年という新たな年代の節目に、任天堂は懸命に次の革新に取り組んでいた。ニンテンドーＤＳがこのときには1億台を超える売れ行きだったため、会社にとってこれを受け継ぐ壮大なものが必要だった。なにせこれまでも任天堂は、消費者を活気づけるような、様々な価値提案とテクノロジーを考えてきたのだから。

消費者の行動を分析する

デベロッパーと議論していくうちに、私たちはコア消費者の3つの行動パターンを融合させて、新たなゲームプレイの革新につなげようと考えた。

①常時ネットに接続

１つ目は、消費者が常時ネット接続を利用する傾向にあることだ。当初スマートフォンから始まり、Ｗｉ－Ｆｉへのアクセスによって、消費者のあらゆる家庭用電化製品にまで接続が拡大しつつあった。私たちは様々な新体験とアップデートを、任天堂の小型ゲーム機を新たに購入した人に提供しようと思い描いた。

すでに購入している人にはインターネットに接続すれば利用できるようにする。これは絶えず驚きをもらえるような、新しいデジタル体験を消費者が望んでいるという、私たちの考えと合致するものだった。

②いつでもどこでもプレイできる

２つ目に、消費者の欲求は、いつでもどこでもプレイできるように、コンテンツを直接ダウンロードできる方向に拡大しつつあることだ。ゲーム産業で言うトリプルＡ（＊莫大な開発費や人、技術が投じられたもの）のゲームみたいに、大きくて十分な特徴を備えたゲームから、携帯電話でのプレイ専用の非常に小さなゲームまで、どれでもダウンロードできるようにしたい。

任天堂のゲームショップがこうした様々な経験を提供できれば、PlayStation、Ｘｂｏｘ、アップル、グーグルなどが提供する今の市場と差別化できると、私たちは考えた。しかも当初ニンテンドーＤＳに代わるものを作ろうと懸命に取り組んでいたおかげで、携帯性の面では家庭用ゲーム機の競合相手に対してうちが一歩リードしていた。

③３Ｄ体験

３つ目に、私たちは３Ｄビデオを基にしたコンテンツを、消費者が望んでいることに気づいた。１９５０年代から３Ｄの映画は断続的に映画館で上映されてきたが、初期の３Ｄ

体験はお粗末だった。１９８０年代、『ジョーズ』や『13日の金曜日』などの大きなシリーズで新たな体験を生んだが、３Ｄは主要な要素というよりも、追加のおまけみたいに感じられた。せいぜいサメが膝に飛びつきそうなときとか、顔面を目掛けて牙が襲ってきたときに、観客の絶叫を引き起こすくらいのものだ。『アバター』が商業的にヒットし、映画館で新たな３Ｄメガネが効果的に使われるようになって、ようやく本当の意味でテクノロジーが根付いた。２０１０年にはテレビのメーカーが３Ｄテレビを売り出し始め、このテクノロジーを生かしたコンテンツが数多く作られるようになった。

　任天堂には３Ｄテクノロジーの長くて複雑な歴史がある。１９９０年代初め、任天堂は没入型の３Ｄ世界でプレイできるようなゲームを作ろうと試みていた。こうした試みは2つの方向に分かれた。１つはＮＩＮＴＥＮＤＯ64の発売につながる、従来のゲーム機のテクノロジーとビジュアルアートスタイル、そして２つ目は１９９５年のバーチャルボーイの発売につながる、新たな立体工学のテクノロジーだ。

　バーチャルボーイは興味深いが、製品としてはまだ発展途上だった。本体をテーブルに置いたまま、プレイヤーは覆いの付いた接眼レンズに額を当てて、赤と黒の単色画像を見る。私は贈り物としていただくまで、バーチャルボーイをプレイすることはなかった。製品の発売時に、リアルタイムでこの体験がどう受け止められたのかわからないが、今になって試してみるとお粗末に感じられる。このシステムを使ったゲームが一握りだけ発売されたが、任天堂は商業的な失敗として直ちにこれを断念、代わって資金は、ＮＩＮＴＥＮＤＯ64と没入型のオープンワールドゲームの開発に充てられた。このゲームは３Ｄのポリゴン映像を使って表現される。

　だが任天堂は、没入型の３Ｄ体験をあきらめることはなかった。様々なテクノロジーを使って、追加の備品や面倒なメガネがなくても、真の３Ｄビジュアルを提供できるのではないかと考えて試行錯誤した。そして遂に２０１０年、ＬＣＤスクリーンの開発、画像処理速度の増加、ハイエンドのゲームプレイとビジュアルを可能にしたチップセット（＊コンピュータ内部のマザーボードに付いた回路で、ＣＰＵ等との橋渡しをする）、これらを融合させた。私たちはこの年の３月にニンテンドー３ＤＳの発売を発表し、岩田氏と私は６月のＥ３でこのシステムを披露するのだった。

ニンテンドー３ＤＳ

　ニンテンドー３ＤＳは、時代を超えてベストセラーとなった小型ゲーム機ＤＳの後継にふさわしいものだった。Ｅ３で、私たちはプレゼンテーションの締めくくりに、「百聞は一見に如かず」とばかりに１５０を超える試作品を観客に披露し実際に試してもらうと、これが大成功だった。

さらに「マリオ」と「ゼルダ」シリーズの新作を披露したが、最大の熱狂を呼んだのは、私たちが3Dにリマスターした、NINTENDO64のゲームを披露したときだ。ビデオゲーム史上屈指の傑作である「ゼルダの伝説 時のオカリナ 3D」は、早くから熱狂を呼んだ。このゲームは、並行して開発していたバーチャルボーイとNINTENDO64のレガシーを、20年の年月を経て融合したものだ。

私はニンテンドー3DSで披露した、AR（拡張現実：オーグメンテッドリアリティ＊現実世界にデジタル情報を付加する技術）に胸を躍らせた。一方でテクノロジーの専門家たちの間では、以前からVR（仮想現実：ヴァーチャルリアリティ）の可能性が話題となっていたが、今日まで、コンテンツでのVR体験は実現されていない。ニンテンドー3DSによって、システムの裏面の2つのカメラを経由してARのゲームプレイが可能になり、私たちはAR体験を今後の課題の1つに加えた。

何より3DSは楽しくて、将来的にARの様々な機会が訪れることを約束するものだった。例えば、「ポケモン GO」が2016年にiOSとアンドロイド向けに、全世界で発売された。これは10億ダウンロードを超え、毎月のアクティブユーザー（＊一定期間内に少なくとも1回は、サービスを利用したユーザー）は1億5000万人を超えている。

2010年秋のE3と他の製品の発表を通じて、ニンテンドー3DSの発売に弾みが付いたが、岩田氏と私の間で大きな意見の食い違いもあった。2010年12月のミーティングで、来るべきゲームの全リストをチェックしたところ、がっかりする内容だった。任天堂が発売するゲームはわずか2つだけ。ＥＡやアクティビジョンなどの開発のパートナーも、初日に発売する追加のゲームを15くらいしか用意していない。これでは２０１１年３月予定の発売日から、かき入れ時となる年末のホリデーシーズンまでの間、勢いを維持するには足りない。しかも西洋のマーケットで最大のゲームである「ゼルダの伝説　時のオカリナ３Ｄ」は、３ＤＳの発売日に間に合わないときている。

価格設定の話し合い

私たちはゲームソフトの発売スケジュールの話し合いを、新システムの価格設定の話し合いへとシフトした。「ミスター・イワタ」と私は切り出した。「販売価格を考える際、ニンテンドー３ＤＳの全体的な位置づけを考えるべきです。３Ｄ体験が楽しいのはもちろん、今後も素晴らしい体験を提供できる大きな可能性を秘めていますが、発売日に出すゲームが限られていることが気がかりです。価格設定をもっとアグレッシブに考えて、アメリカでは１９９ドルで発売すべきです」

「レジー」と岩田氏は声を上げた。「今まで私たちはもっと高い価格を話し合ってきた。このシステムの製造コストが高額なのは、君もわかっているはずだ。それに現在マーケットに出ているＷｉｉとＤＳの価格設定とのバランスも慎重に考えないと。もっと高い価格を考えるべきだ」

当時、Ｗｉｉはアメリカでは１９９ドルだったが、すでにこれより下げる必要があることを私たちは認識していた。話し合いのテーマは、インターネットとの接続の機能を減らした、新たなＷｉｉのハードウェアのバリエーションに移ったが、私のマーケットでは興味のない話題だった。史上最高のベストセラーの座を維持しながら、ソニーのPlayStation 2を引き離すために、既存の能力を残したままでＷｉｉの価格を１４９ドル、最終的に99ドルに下げるべきだ。

「レジー、Ｗｉｉの価格を下げることが難しいのは、君もわかっているだろう」と岩田氏は言った。「Ｗｉｉの販売台数は８０００万台を超えてはいるが、これとＷｉｉリモコンの部品コストは今なお高い。君が望む価格はどうやっても無理だろう」

要するに
40

破壊には様々な形がある

価格破壊を始めとして、破壊にも多くの形態がある。広範な購買層に向けて、お手頃価格でしかもいくつかの特典をセットにして提供すれば、マーケットに計り知れない影響を及ぼすことができる。これをやってのけたのが、先に述べたビッグフットピザだ。機能をフル装備したまま99ドルでＷｉｉを提供すれば、同様の成果をもたらすことができただろう。

空振り三振

今は既存のシステムの価格の話し合いにギアを入れるタイミングではなかった。こうした話し合いは慎重に持っていかなければならないこと、望ましい結果を出すためには、適切なタイミングを見計らうことが何より大事であることを、私は学んでいた。そこでニンテンドー３ＤＳの発売を成功させる話し合いが先だと考え、こう続けた。

「ミスター・イワタ、Ｗｉｉの価格設定と全体的なプランについては、また別の機会に話し合いましょう。３ＤＳの発売に向けた話を今すぐしたいと考えています。任天堂のファンは発売と同時に、新しいシステムを買ってくれるでしょう。ファンは私たちのシリーズを愛し、最高のゲームを常に出すものと信じてくれていますから。ですがスマートフォンとそれを使ったゲーム体験の波にますます押されている状況です。それなのにうちは、前のＤＳ世代よりも高い値段で、３ＤＳ用の新作ゲームを発売しようと計画を進めています。これらをすべて見直すべきです。私は３ＤＳをロングセラーにしたいと思っています。販売価格を１９９ドルにすることが、それを成し遂げる最善策ではないでしょうか」。そう言って、私は強く迫った。

「レジー、私たちは数週間後に発売の詳細をすべて発表する予定だ。君の主張を検討するから、任天堂の経営陣と議論する時間をくれないか。これについて来月（２０１１年の1月）の初めにまた話し合おう」

私たちはクリスマス後に京都で再び集まった。「レジー、君はニンテンドー３ＤＳを１９９ドルで発売したいと言っていたが、この価格では採算が取れない。ハードウェアで赤字を出すわけにはいかない。プライスポイント（統一小売価格）を２１９ドルか２２９ドルで考えてみないか」

こうしたプライスポイントは、西洋のマーケットでは通じない。価格設定は日本の外では扱いが違う。西洋のマーケットでは、会社は小売価格を提案するだけで、それを強制することはできない。ヨーロッパの国によっては、メーカーは販売店と価格設定について議論することすら許されない。

しかも西洋では、販売店は最終的にプライスポイントが１００ドルを超える場合、末尾が49ドルか99ドルを好む。するとニンテンドー３ＤＳの現実的なプライスポイントは、１９９ドルか２４９ドルということになる。

ハードウェアのリテール・マージン（＊売上高に占める売上総利益の割合）は一般にごくわずかで、４パーセントくらいだ。そこで２１９ドルか２２９ドルで提案したとしても、販売店はより高いマージンを得ようと独自に２４９ドルを付けるだろう。この価格ではこちらの採算性が目標に届かず、将来的に問題が生じる可能性がある。これが売れなければ、販売店は次世代向けの任天堂のハードウェアに対して、リテール・マージンを４パーセントから吊り上げにかかるだろう。

こうした現実を考えると、私は岩田氏の要請には賛同できなかった。「いえ、ミスター・イワタ、こうした代案は販売店に対するマージン率の変動を考えると、状況に見合うものではありません。１９９ドルか２４９ドルが現実的なラインで、私は変わらず１９９ドルを強く薦めます」

岩田氏は首を振った。「いや、それは無理だ。２４９ドルで行く」

こうして２４９ドルで決定が下され、私の職務は、発売に向けてできる限りの準備をすることになった。

要するに
41

優れたリーダーの「打率」

私は意思決定と破天荒なアイディアの売り込みを、「打率」に見立てている。この2つでヒットを打ったかどうかの基準をこう考えた。前者は市場での結果を基に決断が正しかったか間違っていたか、後者はアイディアに対して同意を得られたか得られなかったか。

優れたリーダーは両方で高い打率を誇っている。私は意思決定において7割5分、アイディアの売り込みで9割5分だ。崇高な目標には必ずしも到達したわけではない。だがさすがに10割を出した人はいない。すべての決定が正しいわけではないし、すべてのミーティングが、自分のアイディアに賛同して終わるわけではない。

経営陣を説得してニンテンドー３ＤＳを１９９ドルで発売できなかったのは、私にとって任天堂時代の最大の失敗だったと考えている。これを野球に例えると、空振りの三振だった。だがスキルを身に付けて思い切りバットを振れば、空振りするよりもヒットを打つ確率は高い。

これは岩田氏と私が折り合うことがなかった、数少ない決定の1つだ。ＮＣＬの上級経営幹部の一部は、メディアの状況から商業のトレンド、オムニチャネル（＊店舗やネットなどあらゆる流通経路を使って、販売の増加を目指す手法）の販売店の環境に至るまで、西洋のマーケットの全体的な動きを理解できなかった。

私は日本の外のビジネスをもっと理解してもらうために、あらゆる部署を超えて京都の経営陣とコミュニケーションを重ねた。そして岩田氏に、自分をグローバル・ニンテンドーの実行管理委員会に加えてほしいとプッシュした。

日本とのギャップを埋める

当時、任天堂は昔ながらの日本式ガバナンスの体制で運営されていた。取締役会は2、3人の代表取締役と2、3人の外部の監査役から成り立っている。このグループが顔を合わせることはあまりなく、実際の決断を下すのは会社の実行管理委員会だ。委員会のメンバーは岩田氏、宮本氏、グローバルＣＦＯ（私が最初に在籍した当時は森好弘《もりよしひろ》氏で、その後2013年にＮＯＡからＮＣＬに移った君島氏が務めた）、グローバルライセンシング及び日本のセールスとマーケティングの代表（波多野信治《はたのしんじ》氏）、ハードウェアリサーチと開発の代表

（竹田《たけだ》玄洋《げんよう》氏）だ。

委員会は1週間おきにあって、長期及び短期の構想について話し合っていた。このグループは、ゲームビジネスと任天堂の哲学については深い歴史的な知識があっても、西洋のマーケットに対する商業的知識はほとんどなかった。ニンテンドー３ＤＳの販売価格を２４９ドルで最終的に合意したのも、このグループだ。

私は岩田氏に西洋のビジネス的観点を、この意思決定グループに取り入れてくれるようプッシュした。彼は必要性を理解しながらも、常にこれを後回しにしていた。ＮＯＡのチェアマンであった君島氏は、毎月ＮＣＬに飛んで実行管理委員会で会談していた。当然彼はＮＯＡの活動の結果を共有していたが、彼よりも私のほうが、今後の起こりうる問題と解決策を深く理解し、業績を伸ばす主な原動力についても詳しかったことは間違いない。

結局、岩田氏はこの実行管理委員会に、私を出席させてくれることはなかった。だが彼が亡くなり、君島氏が任天堂のグローバル・プレジデントに就任すると、彼は体制を変えて役員の新たなグループを結成した。私はこの職務に、アメリカ人として初めて名を連ねることになる。

要するに
42

互いに学び合う努力が必要

グローバルビジネスを効率的に運営するには、主要なすべてのマーケットの複雑さを理解しなければならないが、これは1人でできることではない。自分の管轄区域についてはリーダーとしての深い知識と利点を生かし、なおかつ他の地域とそのビジネスの現状については積極的に学んでいく必要がある。グローバルな視点を持つリーダーたちが集まって、地域特有のビジネスアプローチと傾向について、互いに学び合う努力も必要だ。そこから可能な限りグローバルな解決に至るために、共通の土台を見出さなければならない。

ニンテンドー3DSは日本で2011年2月に、西洋のマーケットでは2011年3月下旬に発売された。ハードウェアの予約注文が殺到し、最初の数週間で驚異的な売れ行きを見せ、2011年3月の終わりには、世界中での売上が360万台を超えた。これは当時新たなシステムとしては最高の成績で、クリスマスのホリデーピークのシーズンが終わった後の発売だけに、なおさら意義があった。

私が予測した通り、とりわけコアな任天堂のファンはシステムに飛びついたものの、より広範なマーケットは慎重だった。高価格でしかも発売日に優れたゲームソフトがないことが、次第に影を落としていったのだ。

大きな転換

岩田氏と私は4月から5月まで、次のステップについてさらに話し合いを重ねた。パイプラインには強力なゲームソフトがある。任天堂の「ゼルダの伝説 時のオカリナ ３Ｄ」、「スターフォックス64３Ｄ」、「スーパーマリオ３Ｄ ランド」、「マリオカート7」。そしてライセンシー・パートナーからは「バイオハザード」、「ＦＩＦＡ」、「ザ・シムズ」シリーズのニューバージョン。だがプログラムの一部に、価格の値下げを加えることが必要だ。

再び私たちは問題を話し合った。

「ミスター・イワタ、50ドルの値下げで十分弾みが付きます。初秋の新たなゲームソフトの発売に合わせて、これを実施すべきです。それまで販売店にニンテンドー３ＤＳを支援してもらう必要があります」

「レジー、君が南北アメリカの販売店に顔が利くのはわかっている。君のチームは販売店をなだめて、在庫を程よくさばいてくれている。だが他のマーケットの状況がとても厳しくてね。製品を大量に購入した販売店から、在庫の返品を受け入れるようプッシュされているんだ」

返品を受け入れてしまえば混乱を招くだろう。理想としては、こうしたプログラムではケースに入ったまま、すべて戻してもらいたいところだ。だが販売店は梱包を解いたユニットを含む、すべての在庫を返品したがっている。これでは結果的に製品に傷が付いて、正規の価格での再販ができなくなる。

「ミスター・イワタ、そんなプログラムを実施するのは間違っています。1カ所の管轄区域のためにはなっても、グローバルマーケット全体に歪みが生じます。返品を受け入れるべきではありません」

「レジー、他のマーケットにこうした販売店のプッシュを波及させないためにも、迅速かつ思い切った行動を取らないと。君が提案した50ドルより、さらにアグレッシブに価格を下げる必要がある」

「ミスター・イワタ、アグレッシブになるのはいいですが、世界中の採算性に影響が生じます。それにこちらがすぐに値下げに踏み切った場合、最初にハードウェアを買ってくれたコアなファンのためにも別途プログラムを用意しなければなりません。うちがミスリードしたと思わせるわけにはいきませんから」

そこで私たちはニンテンドー３ＤＳ アンバサダー・プログラムを作り、早くにシステムを買ってくれた人に、ニンテンドー・エンターテインメント・システム（ＮＥＳ）のゲーム10種類とゲームボーイアドバンスのゲーム10種類を、うちのデジタルショップから無料ダウンロードという形で提供した。そしてアメリカでは90ドルもの値下げを実施し、システムを１６９ドルで販売した。２０１１年7月の終わり、発売からわずか4カ月でのことだ。

これは大きな方向転換となり、任天堂は数百万ドルの利益を失うこととなった。だがニンテンドー３ＤＳの長期的な方向性が変わり、２０１１年のホリデーシーズンが始まると、引き続き大きな売上増に転じた。そして私たちは販売店からの返品のプッシュや、価格値下げによるファンの反応に対処することができた。

こうした経験によって改めて実感したのは、問題や機会に直面したときに、断固とした行動が必要であることだ。私たちは３ＤＳの売れ行き不振を引きずることなく、迅速にプランを作り、見事にこれを実施した。

このエピソードによってもう１つ思い知らされたのは、長らくお得意さんでいてくれる消費者のニーズに配慮すべきだということだ。私たちはハードウェアの価格を大きく下げながらも、アンバサダー・プログラムを実施することで、根強いファンをニンテンドー３ＤＳから離さなかった。変わらずシステムを支持し続ける人たちは、そのお礼としてこちらが提供したデジタルゲームについて、ソーシャルメディアにポジティブなコメントを残してくれた。

要するに
43

失敗したときにどう振る舞うか

新たな構想を完璧に実行できる重役などいない。アイディアがマーケットで失敗することもある。

要は失敗した後に慎重になりすぎないことだ。どうしても慎重になってしまうかもしれないが、それは生産的とは言えない。リスクを引き受け、アグレッシブになって、前に立ちはだかる壁を壊してやろうくらいの意気込みで、前に進んでいってほしい。

発売したばかりのニンテンドー３ＤＳに懸命に対処する一方で、私たちは次の家庭用ゲーム機のプランにも取り組んでいた。Ｗｉｉは発売後４年間でマーケットでの売上記録を破ったものの、6年目に入って、ペースは劇的に失速した。売上に拍車をかけようにも主だった戦略はネタが尽きてしまっていた。

199ドルから149ドルまで価格を下げ、色のバリエーションに黒と赤を加えるなど、やれることはやった。そうなると、あとはこのプラットフォームの後継機に取り組むしかない。

ゲーム機の新たな可能性

任天堂のイノベーションに対する考え方の根本は、プレイヤーを喜ばせると同時に、既存のハードウェアでは達成できない新たな経験を決定づけることだ。この姿勢は、より解像度の高いビジュアルや、より高い処理能力などのテクノロジーを我先にと考えるような、ビデオゲーム界での従来の競争相手とは違うところだ。

私たちは大きなテレビ画面から小型機にシフトしてプレイを続行できる、新たなシステムを思い描いた。ほとんどの家庭では、ゲームのバトルはもっぱらリビングのメインスクリーン向けだ。私たちのシステムはこれに終止符を打とうというもので、実現すればゲームプレイヤーは大きなスクリーンから、手の平大の画面へとゲームを移行させることができる。

さらに私たちは、タッチスクリーンのコントローラーに可能性を見出した。液晶ディスプレイを搭載することで、プレイヤーがゲームのメニューを切り替えたり、直ちにゲームのアイテムにアクセスしたりできる。これなら大型テレビのスクリーンでなくとも、ゲームの美しいグラフィック画像を見ることができる。

最後にもう１つ私たちが思い描いたのは、小型機のスクリーンと大きなテレビ画面との間で互換性のあるゲームだ。小型ゲームのスクリーンから放たれたダーツが、テレビの大画面に映るダーツボードに刺さるのを想像してみるといい。

任天堂のデベロッパーを始め、ＥＡやユービーアイソフトなどの、外部の会社のデベロッパーもこうした可能性に対して非常に胸を躍らせた。

私たちは２０１１年６月のＥ３にて、新たなシステムＷｉｉ Ｕを発表した。当初の反応はポジティブなものだったが、これが真の意味で新しいシステムなのか、それとも単なる既存のＷｉｉ向けのコントローラーなのか、少々混乱が生じてしまった。全体的なコンセプトを定義したものの、このシステムや能力にスポットライトを当てるような、本格的なゲームまでは紹介できなかったためだ。

翌２０１２年のＥ３まで丸１年間、この問題について任天堂のファンの間で熱い議論となった。私たちはこの噂を知り、積極的にＷｉｉ Ｕの売りを伝えることにした。まずＥ３が始まる前から、数百万人の消費者に届くプレゼンテーションをストリーミングで世界中に配信。私たちのアプローチを踏み込んで紹介し、新たなシステムが持つクオリティ・オブ・ライフ（ゲームによって生活の質を上げること）の特性にスポットライトを当てた。例えば、ビデオチャット、そしてネットフリックスやAmazonインスタント・ビデオ（各種の映像コンテンツを配信するアマゾンのオンデマンドサービス）などのケーブルテレビやストリーミングサービスの「全ビデオ・コンテンツ」の配信などなど。これらの特性は私たちが戦略を伝えるために『ブルー・オーシャン戦略』や『イノベーションのジレンマ』などの本を使い、ＤＳやＷｉｉでの教訓を生かした成果だ。

Ｅ３イベントの本番の間、私たちはＷｉｉ Ｕのシステムに入れる素晴らしい全コンテンツにスポットライトを当てた。任天堂ファンの好きな「ピクミン」、「スーパーマリオ」、「ゼルダの伝説」などのシリーズのデモを始め、息を呑むようなトレーラーを紹介、開発パートナーが手掛ける素晴らしいコンテンツもプレビューした。その翌週、私がテレビ番組の『レイト・ナイト・ウィズ・ジミー・ファロン』に出演してＷｉｉ Ｕを大きく宣伝すると、ポジティブな口コミが数多く集まっていった。

そして遂にＷｉｉ Ｕは、２０１２年の感謝祭の直前に発売された。これまた当初は素晴らしい売れ行きを見せ、発売から6週間でアメリカでは90万台ほどを売り上げた。だが翌２０１３年の初めにはそのペースが鈍り始めた。問題は、プレイヤーがすぐにでもこのシステムを買いたくなるようなゲームソフトがなかったこと。

つまり、Ｗｉｉ Ｕはアメリカでは23個のゲームとセットで発売されたが、「マスト」なゲームがその中に1個もなかったというわけだ。楽しいのは楽しいが……システムをすぐにでも買いたくなるほどではなかった。

苦闘の日々

主要なゲームソフトである「マリオカート」と「ゼルダの伝説」シリーズのニューバージョンは、２０１４年かそれ以降まで出る予定はない。それでもライバルである新たなＸｂｏｘとPlayStationのゲーム機が、２０１３年のホリデーに発売と発表されただけに、これに乗じてＷｉｉ Ｕの売れ行きにもどうにか弾みを付けたいところだった。

ところがまたしても、私たちは早急に対処すべき困難な状況に直面した。Ｗｉｉ Ｕは２つのバージョンで発売された。ストレージを抑えた２９９ドルの白と、ストレージが４倍で３４９ドルの黒。そして黒には２０１３年のＥ３カンファレンスで特集した「ニンテンドーランド」を収録した。このゲームが「Wii Sports」みたいなキラーソフトになってくれたらと思ったのだが、期待に沿う結果は出なかった。販売店も２つのバージョンの両方をサポートする余裕がなく、値段が高いにもかかわらず黒のパッケージが、売上で白を大きく上回った。

そこで私は、南北アメリカではＷｉｉ Ｕの白のバージョンを廃止して、黒のパッケージに統一しようと動いた。２０１３年の夏までに黒のパッケージを２９９ドルまで下げ、ＮＣＬとも共同して、プレイヤーにアピールするようなバージョンを考えた。「ゼルダ」のグラフィック要素と「ゼルダの伝説 風のタクトＨＤ」のゲームを黒のハードウェアに収録し、これとは別に「Ｎｅｗスーパーマリオブラザーズ Ｕ」と「Ｎｅｗスーパールイージ Ｕ」という、ボーナスコンテンツを含めた特製のハードウェアを用意した。

独自のハードウェアと様々なゲームソフトをパッケージしてプロモーションするのは、ビデオゲーム産業では一般的だ。だが発売から1年足らずでこうした戦略に頼らざるを得なくなったのは、前代未聞だと言える。これはつまり、これまで通りの5年プラスのサイクルでＷｉｉ Ｕの売上を維持しなければならないのに、そのための十分な製品と価格戦略が用意できなかったということだ。

要するに 44

窮地に立ったときこそ根本から離れない

ビジネスで窮地に立ったときは、早急かつ断固とした決断が必要となる。周囲の状況が悪化するにつれ、時間の猶予はなくなっていく。

　そんなときも自分の信条とビジネスの根本から離れてはいけない。まずは状況を安定させること、それからビジネスを元の状態に戻すために、次に来るイノベーションの波に備えることが大切だ。

問題解決の次の局面

　私が特に集中したのは２つの領域だ。まず１つ、ＮＯＡを通じて販売店にＷｉｉ　Ｕをサポートし続けてもらうよう取り組むこと。「スプラトゥーン」という、任天堂初のマルチプレイにフォーカスしたシューティングスタイルのゲームなど、なおも重要なゲームソフトの発売が控えている。デジタルネットワークのプラットフォームを使うことで、プレイヤーが世界中の相手と対戦できるなど、戦略的にも重要なゲームだ。

　西洋の巨大なシューティングゲームのカテゴリーに参入しながらも、ゲーム自体には任天堂のオリジナリティがある。弾丸を放つ代わりに、プレイヤーはカラフルなインクの小さなボールを放つ。そしてゲームの目的は、単に敵を攻撃するのではなく、インクを塗って陣地を広げること。これが我が社にとって素晴らしい新作のシリーズになり、任天堂がｅスポーツの世界に堂々と参入できる未来像が私たちには見えた。私はうまく岩田氏と君島氏に根回しして、この発売をサポートする宣伝費をより多く集め、そのおかげでゲームソフトはヒットし、西洋では確立したシリーズとなった。

私が集中的に取り組んだもう1つの領域は、Ｗｉｉ Ｕの問題を明確にあぶり出して、そこから学んだことを、間近に迫った次の家庭用ゲーム機の発売に生かすことだ。問題のいくつかは明確に浮き彫りとなった。

まず任天堂の開発したゲームが、当初のスケジュール通りに発売しそうにないこと。こうした遅延はＷｉｉ Ｕを新たに購入した人たちに、コンテンツへの失望感を与えてしまう。言うまでもなく、消費者がハードウェアを買うのは、専用のゲームを手に入れるためでもある。私たちが素晴らしいゲームを発売するペースは、それに見合っていなかったというわけだ。

しかもこうしたスケジュールの遅延を埋め合わせるために、外部のデベロッパーが提供するはずのコンテンツもなかった。ここで問題になるのは我が社の開発ツールだ。任天堂はハードウェアのイノベーション・パイプライン（*アイディアを製品化して市場に出すまでのプロセス）を内密にしておくために、昔から社内で開発したツールに頼ってきたため、外部のツール・デベロッパーと協定を結ぶことは滅多になかった。

だが業界は変わり、今はベスト・イン・クラスのテクノロジーを生み出すUnityやUnreal Engineなど、重要なツール開発の会社がある。向こうはこうしたツールを常にアップデートしているから、任天堂のイノベーション・パイプラインが外部に漏れることはない。そしてこうしたツールは、大小含む数千ものデベロッパーが使っているくらいだから、システムに入れるコンテンツを着実なペースで作ることができる。私たちはアプローチを変えて、こうしたツールを今後のシステムの開発技術に取り入れる必要がある。

Ｗｉｉ Ｕの発売を機に、重要かつ明確な改善点が判明した。プレイヤーからは、大きなテレビ画面でプレイしていたゲームを、そのままＷｉｉ Ｕのゲームパッドに移行できるのが嬉しいという声があった。だがゲームパッドはワイヤレス接続が作動するように、Ｗｉｉ Ｕの本体から20〜30フィート（約6メートルから9メートル）以内に置かなければならず、ゲームパッドと本体の間に物理的な障害があってはならない。離れすぎたり障害があったりすればゲームパッドが接続できなくなり、プレイヤーをイライラさせてしまう。

Nintendo Switch

こうした問題を考慮に入れることで、任天堂の次のシステム、コードネームＮＸの開発に拍車がかかるだろうと思われた。私たちはテレビの大画面での美しいゲーム体験、それからポータブルにも移行できる、ハイブリッドなゲーム機を提供したい。

これは主にプレイヤーのニーズに応えたものだ。家を出て仕事や学校に行く際に、アドベンチャーゲームを中断して振り出しに戻らなくてもいいようなゲーム機が欲しいというニーズ。開発ミーティングの間、私はいつでもどこでもプレイできるものが欲しいというニーズを京都のチームに伝え、これがＮＸの中心的なポジショニングとなった。

２０１４年から15年の間に、私は岩田氏や、ＮＸを担当する開発チームと多くのミーティングを重ねた。ポジショニングに同意してもらうだけでなく、製品名でも意見を統一させた。その名もNintendo Switch。テレビの大画面モードから、小型機のモードへ「スイッチ」できる性能にかけた名前だ。さらに主要なゲーム、「ゼルダの伝説 ブレス オブ ザ ワイルド」の発売延期という難しい決断も下した。このソフトを、Ｗｉｉ ＵとNintendo Switchの両方にパッケージするためだ。

岩田氏は、Nintendo Switchの製造プランの最中に亡くなってしまったが、システムには彼の手が多く入っている。直感的なユーザーインターフェイス（＊コンピュータと利用者とのインターフェイス「接点」。ゲームでは主に扱いやすさなど）、メインシステムから切り離すことができるジョイコンという独自のコントローラー、プレイヤーが豊富なゲームライブラリーにアクセスできる、デジタルショップの確立など。

システムは２０１７年３月に発売された。発売までの数カ月、私たちはこのシステムの前評判を盛り上げるために、数多くの重要な戦略を駆使した。例えば前年の２０１６年に製品のトレーラーを公開し、私はテレビの『ザ・トゥナイト・ショー』に出演した。この番組でシステムのベールをはがし、司会のジミー・ファロンに任天堂以外の人間として初めて、「ゼルダの伝説 ブレス オブ ザ ワイルド」をプレイしてもらった。期待を募らせるために、システムの発売前にスーパーボウルでＣＭを流した。

こうして発売に関して何もかも完璧に手はずを整えた。価格を２９９ドルに設定し、フラッグシップモデルであることを明確にして、購買欲を刺激するためにゲームソフトをコンスタントにリリース。おかげで最初の売上目標を50パーセントも超えて、発売から最初の丸1年が経った頃には、Nintendo Switch の売上は１５００万台を超え、Ｗｉｉ Ｕの６年間の総売上をしのぐヒットとなった。本書を書いている時点で、Nintendo Switch は、ビデオゲーム機史上最速の売上記録を維持し続けている。

要するに
45

優れたアイディアでも実行力がなければ意味がない

成功に欠かせない優れた実行力について、十分に注目されているとは言い難い。どんなにいいアイディアでも実行力を伴わなければ、宝の持ち腐れとなってしまう。大切なのは優れた実行力によってどういう結果が期待できるのかを説明した上で、組織として責任を持って取り組むことだ。

成功から新たな視点を生む

結果は満足いくものだったが、それ以上に重要だったのは、失敗から立ち直る力と戦略を絞ることの必要性を、教訓として学んだことだ。２０１３年から２０１７年まで、任天堂は多くの困難に直面した。ニンテンドー３ＤＳの出足が鈍く、ビジネスを方向転換する必要に迫られていた。スマートデバイスとオンラインショップが栄え、任天堂はその中で存在感を維持しなければならない。そこで会社はモバイルゲームビジネスへの参入を決め、様々なアプリケーションを発売して、消費者にも上々の評判で商業的にも成功した。

私たちはＷｉｉ Ｕを懸命に売り込みながら、Ｗｉｉ Ｕに生かした主要な要素を、次世代のゲーム機であるNintendo Switchに統合しようと前へ進んだ。Nintendo Switchが消費者に大きな価値を提供して、プレイヤーが新たなゲームを購入するという、確固たる流れができるようにした。会社でも個人でも革新を起こすとなると、リスクとともに失敗は付きものであり、そこから立ち直る力が求められる。

会社を成功させるためには、自分たちの歴史的な財産を理解し、危機の際にこの財産を戦略的に活用しなければならない。任天堂はこうした戦略によって、ゲームセンターを家庭に再現した初代のＮＥＳから、体を動かしてゲームを行う最新のＷｉｉに至るまで、新たなゲームプレイのスタイルを推進している。いつでもどこでもプレイできるNintendo Switchの性能は、このように戦略を絞って継続させた結果だ。

私はこうしたビジネスの教訓をありがたく吸収し、そうするうちに任天堂はしっかり地に足が着いていると感じるようになった。Nintendo Switchは信じられない売れ行きで、ゲームソフトの売上はこれをさらに上回った。「ゼルダの伝説　ブレス　オブ　ザ　ワイルド」、「スーパーマリオ　オデッセイ」、「マリオカート8　デラックス」、「大乱闘スマッシュブラザーズ　ＳＰＥＣＩＡＬ」はすべて数百万台を売り上げた。そして私が外部の開発ツールを採用するよう提唱したことで、Nintendo Switchは外部デベロッパーのゲームソフトにも革命を起こすのだった。

一方で岩田氏の逝去によって、人生がはかないことも個人的に学んだ。以前に会社を辞めたときのように、私にとって前に進んでエネルギーを別の道に使う時が、程なくして来るのだった。

最終章

次の世代に伝えたいこと

２０１９年２月に、私たち経営陣チームはディナーの席に集まった。この時点で、私はＮＯＡの戦略分析と財務のプランニングの見直しについて、１年の総決算を実施していた。例年通りなら、私は１月末か２月初めに日本に行き、４月１日から始まる会計年度に向けて、会社の広範な財務のパラメーターを確定し、任天堂本社の業績全般への貢献度を明らかにするところだ。

こうして確定させた財務のパラメーターを基に、私は経営陣チームと１日がかりのミーティングを開き、財務実績をもたらすような、ＮＯＡの主だったビジネスの優先事項を整理する。いつもはミーティング前夜のディナーからこうした活動が始まる。

今回のディナーはいくつかの理由で重要だ。まずフリップ・モースが2カ月後にＮＯＡを退職するため、今回が彼にとって最後のプランニングセッションとなる。彼の後任はすでに発表され、彼女がディナーと翌日のセッションに参加する。

フリップと私の関係は、15年前に私のリクルートを兼ねたランチ会食でぎこちなく始まったが、彼とはその後も多くのＮＯＡの改革構想でパートナーを組むことになった。このフリップとのパートナーシップの間に、リクルート活動や新人の入社を拡充させ、行動適性を確立して報酬と表彰を増やし、給与体系も改善させた。

要するに
46

関係性を築くことをあきらめない

ビジネスの関係は、ぎくしゃくした形で始まることもある。大切なのは、この関係を改善するために、時間とエネルギーを惜しまず投資することだ。判断は先送りにして、まずは同僚について知ろうと努めること。初めはうまく行かなくても、時間を経て価値ある関係を築くことができる。

任天堂を去る

そしてディナーが特別である２つ目の理由は、私が会社を辞めることを正式に発表するからだ。参加者の半数ほどはすでに知っていた。フリップと新たなＨＲの代表も、私の退社後の新たな組織の体制に向けて一緒に取り組んでいたため、私のサプライズの発表を知っていた。

私の直接の後任であるダグ・バウザーも知っていた。セールスの組織を率いてもらうために、彼を雇ったのは４年前だ。ダグはマリオの宿敵バウザー（＊クッパ大王）と同じ名前であることを始め、任天堂にぴったりの経歴の持ち主だ。彼も私と同じくキャリアをＰ＆Ｇでスタートさせたが、彼はセールスの部署にいたため、私が在籍していた時代には交流がなかった。任天堂に入る直前、ダグは業界最大手のゲームデベロッパーでパブリッシャーの１つ、エレクトロニック・アーツに８年以上勤めていた。ダグはＮＯＡで急激に成長し、２０１６年にはマーケティングの責任者も引き受けることになった。

「チームとして」と私は集まったグループに言った。「私たちは一緒に数多くの成功を共有してきました。Nintendo Switchは記録を破る勢いであり、ゲームソフトはかつてないレベルで売れています。私たちはグローバル・ニンテンドーに大きな利益をもたらし、４つの海外法人の中で最高の業績を果たしています。しかしそれ以上に重要なのは、私たちの組織が強固であることです。私たちは外部から重役レベルの人材を採用せずとも、内部昇進によって社員により多くの責任を与えてきました。だからこそ、私は今回会社を去る決心をしたのです」

　多くの人はショックを受け、なかには動揺を隠し切れない者もいた。そして私の目からは少し涙があふれそうになっていたが、このまま話を続けるしかなかった。

「驚かせてすまない。あらかじめ断っておきますが、健康上の理由などではありません。実はしばらく前から考えていたことです。ただ私が辞める前に、ビジネスの足場を固めておく必要がありました」

　こう言って、私はドン・ジェームズを正面から見据えた。ドン自身は、ビジネスが64からゲームキューブへ移行したときに、オペレーションのＥＶＰに昇進していた。この間、ＮＯＡは財務とセールス／マーケティング各部署の最高幹部も交代させていた。だから彼はビジネスが大変なときに、最高幹部を代えることの難しさを直接目の当たりにしていたわけだ。

「そして経営陣チームの体制を整える必要もありました。ダグが私の後任になります。彼がセールスとマーケティングのチームをリーダーとして見事に引っ張ってきたのは、私たち全員が見てきた通りです。彼はＮＣＬで、主要なリーダーたちとも一緒に有意義な時間を作ってきました。今後もこうした関係を築いていくでしょう。彼こそはこのキノコ王国のカギを渡すにふさわしい人物だと、私は確信しています」。私が気分を明るくするために、「スーパーマリオ」の例えを取り入れると、みんなが目を輝かせていた。

「そこで、私はフリップと同日の２０１９年４月15日付で退社します。私たちは一緒に多くの構想に取り組んできましたが、今回を最後に、ＮＯＡが組織として次のフェーズに移る準備を進めていきます」

要するに 47

優れたリーダーは今後の成功もお膳立てする

優れたリーダーは、自分が去った後もグループが引き続き成果を収めてくれるものと納得した上で、職務を離れる。これは、永続的なレガシーを残す最終ステップ、つまりグループの今後の成功をお膳立てするために、人材育成から引き継ぎのプランニングまでのステップをすべて終えたということだ。

リーダーの引き継ぎに必要なこと

ここまで言って乾杯が始まった。私のＮＯＡ時代については本書でこれまで話してきた通りだが、私はその多くをそこで語った。共に働いて壮大なプログラムを作り、ビデオゲーム産業を変えた話を面白おかしく語るのが、自分が辞めることを切り出すのにふさわしいやり方だった。

本格的な仕事は翌日、私がコミュニケーションプランニング（＊社内や外部の利害関係者とのコミュニケーションに関するプランニング）に引き続き取り組むことから始まった。私の退社のニュースをずっと内密にはしておけないことはみんなが知っていた。悪意はないにせよ、必然的に誰かが口を滑らせて、この内密の情報を限られた人以外に漏らしてしまうだろう。

そこで私は、自分の退社とダグの昇進を、ディナーから2週間以内に外に向けて発表することに決めた。ひとたび発表すれば、私たちはワシントン州、カリフォルニア州、ニューヨーク州の様々な地域の社員と一連のミーティングを開くことになる。ダグと私は、主なビジネスパートナーとの電話会談も実施することになる。

ダグが彼なりのやり方でビジネスを進めていくことを、明確に示す必要もあった。彼はビジネスのアプローチでも、メディアとの対応でも、私のクローンになる必要はない。私は任天堂に強くて明確なリーダーが必要とされる重要な時期に、ＮＯＡの社長とＣＯＯを務めた。内部や外部のミーティングにおいて、私と岩田聡氏、宮本茂氏とのパートナーシップは語り草となった。だがダグは自分のスタイルと自分の資質でリードしていけばいい。私は関係者全員に対して、これを理解し受け入れてもらいたかった。

次の２カ月間は、何があったか覚えていないくらいの忙しさだった。私はダグと会う時間を増やし、財務、テクノロジー、製品開発の分野に彼を触れさせた。ダグはセールスとマーケティング担当だったため、この分野にあまり関わってこなかったのだ。さらに経営陣チームの各メンバーとかなりの時間を過ごして、ビジネスがいい状態で継続していくことを保証した。

要するに 48

新しいリーダーをアピールする

まったく同じタイプのリーダーは２人といないから、リーダーの引き継ぎは様々なことを考慮に入れて行う必要がある。去っていくリーダーは、新しいリーダーについて仕事のスタイルやアプローチにおいて自分と違う点を明確にしながらも、変わらず優れた結果を出してくれることを周囲にアピールしなければならない。

　これは戦略的にも非常に重要なプロセスである。「私はどうなるんですか。あなたがいなくなってから、どうやって成長していけばいいのですか」と必ず部下から聞かれるだろう。その問いに対して、自分なりのコメントやアドバイスを用意しておくことも併せて必要だ。

退職後の最初の仕事

　この頃、私はリングリング・カレッジ・オブ・アート・アンド・デザインの学長である、ドクター・ラリー・トンプソンから、サプライズの電話をもらった。この学校でイラストレーションを専攻していた私の娘が、最終学年を修了する時期のことで、私は当初娘に何かあったのだろうかと思った。「いえいえ、まさか」とラリー。「あなたにお話がありまして。今年5月に本校で、卒業式のスピーチをお願いしたいのですが」

「ラリー、非常に光栄なお話です。特に娘が今年卒業するわけですから、なおさらのことです。私は少なくとも年1回はキャンパスにお伺いして、コネクションを築いてきました。娘の友人も多く知っています。その友人たちにとっても、私にとっても非常に有意義な経験になります。ただあいにく、5月になると私はもうＮＯＡの社長ではなくなるのですが」。彼が求めているのは私であって、私の肩書や会社とのコネクションではないことを、私は確認したかった。

「レジー、それなら申し分ありません！　あなたにとって退職後初の公の場をご用意できるとはこちらとしても名誉なことです！　ぜひお願いしたい、あなたの力のこもった話と知恵を学生に向けて伝えていただきたい」。こうして、私の退職後の初仕事が決まった。早速、私は卒業式にふさわしいスピーチ原稿を書き始めた。ＮＯＡの社長としての最後の数年間、私はコーネル大学のリーダーとも再びつながりを持ち、ダイソン応用経済学及び経営学部（私がかつて足繁く通っていたところだ！）とコミュニケーション学科（ゲームとメディア産業における私の当時の職務に通じていた）の、学部生向けの諮問委員会に仕えていた。

コーネル大学のキャンパスを再び訪ねたとき、学生たちと話をして私の個人的な話と信条を伝えた。彼らの反応を見て、ブロンクスからコーネル大学を経て、Ｐ＆Ｇから任天堂までの時代を通じて得た、リーダーシップのみならず人生についての貴重な学びが正しかったことを私は再確認した。私自身みんなと同じように障害や困難に直面しながらも、それに耐えてすべてを克服したことにみんなは驚いていた。

そこで、他のビジネスリーダーみたいに、つまらない話や古いことわざでお茶を濁すのではなく、私は祝辞の冒頭で、自分の人生における以下の5つの信念を述べることにした。

1. 自分の身に起こることは自分の責任である。私は多くの若者が自分の人生を他人、親や教師、他の大人やアドバイザーに委ねているのを目の当たりにした。みなさんには自分だけの旅を見つけてほしい。ちょうど私がコーネル大学を選んで、その後のビジネスの旅を歩んだように。

2. 人生は過酷であり、だからこそ懸命に努力しなければならない。私のように世間的に成功した人間でさえも、並外れて過酷なときがあった。粘り強さと闘志こそは、誰もが必ず持つべき資質だ。

3. 代案を柔軟に受け入れること。私の場合も、銀行業ではなく敢えてP&Gに入るというリスクに賭けなかったら、自分の人生は違ったものになっていただろう。あるいは任天堂はやめておけという他人の声に耳を貸していたら、違う結果になっていただろう。

4. 自分の不安を受け入れること。人前でうまくスピーチをするなど、もちろん私にとっても克服するべき不安の1つだった。不安に向き合うことができなければ、私は多くのビジネスと個人的な機会を見逃していただろう。

5. 今この時を賢明に生きて、その過程を楽しむこと。私が物事を成し遂げる力を身に付けることができたのは、スキューバダイビングなど、他のリラックスできてストレスから回復する術を見つけたからこそ、である。

私はこれまでのビジネスのプレゼンテーションと同じくらい、このスピーチに情熱を傾けた。同じく会社を辞めたドン・ヴァリューにチェックしてもらい、昔、E3の台本を書いたときのようにあれこれ推敲した。私の退社後の初仕事にふさわしいやり方だ。

会社を辞めることを考え始めていたとき、担当医から知恵あるアドバイスを受けた。

「レジー、あなたは退職してから悠々自適に暮らして何もしないタイプではない。本当にやりたいことを見つけて、一緒に楽しめる仲間や組織とそれに取り組んだほうがいい」

要するに
49

まずはビジョンを描くこと

どんなプロジェクトでも、まずはビジョンありきだ。つまり成し遂げたいと思う全体像を描くこと。ビジョンは明確でなければならない。言葉にできて、目で見えるものでなければならない。聞いた人全員を納得させ、鼓舞するものでなければならない。

そんなときは目標を再び見据えて自分を奮い立たせるために、自分のビジョン・ステートメント（＊自分が実現を目指す将来のビジョンを文章化したもの）に向き合うことが大切だ。

そしてキャリアを通じて、ブランドとビジネスのことばかり考えてきた私は、自分の退職後のビジョンについても考えることになった。すると、自分が好きなのは、人を育てビジネスの規模を拡張する後押しをすることだと気づいた。ピープルマネージャーとしての初期の経験から、私は常に人の成長を助けたときに、最大の喜びを見出していた。そして自分はビジネスを伸ばし、複雑な問題を克服することが好きなのだと改めて知った。これから退職後はこうしたことを行う術を見出していこう。

私は自分のビジョン・ステートメントを作った。それはつまり、次世代のリーダーにインスピレーションとパワーを与えること。公でのスピーチだけでなく、1対1の直接の対話でもいいし、本書でもこれを成し遂げようと考えている。私にとって大切なコミュニティやビジネスに恩返しをする術を見つけ、明日のリーダーや会社を築く助けをしていきたい。

ちょうどこうした考えをまとめようとしていた頃、コーネル大学のダイソンスクールからアプローチがあり、特別な機会をいただくことになった。学校はリーダー・イン・レジデンスというプログラムを検討していて、これは企業の重役が教室での指導やキャンパス内でのスピーチの枠を超えて、丸1年をかけて学生、全教職員、理事とキャンパスで交流するというものだ。これなら私は年に2、3回の1週間、リーダーシップの教訓と原則を伝えることができる。

私はこの機会に飛びついた。私の成人してからの旅を支えてくれた組織に対する、究極の「恩返し」だ。初めてのリーダー・イン・レジデンスで、私はリーダーシップの原則をテーマにキャンパスでスピーチを行い、壮大なビジョンと勇気ある決断など、本書で述べた話の多くを伝えることになった。レクチャーはキャンパスで最も広い会場の1つで行われた。私が話を終えたら参加者が質問や記念写真で列を作るからと、スタッフにはそのつもりでいるよう伝えておいた。当初スタッフは軽く考えていたが、終わり近くになってイベントは収容人数を超えてしまい、キャンパスの警備員らが慌て始めた。

プレゼンテーションで次世代のリーダーシップの原則について話し終えると、イベントの締めとして、会場の２つのマイクに列をなす参加者との、30分ほどの質疑応答が設けられた。私の予告通り、瞬く間に列ができて私のプライベートから人生、任天堂での時間、現在の政治問題などの質問が飛び交った。質疑応答のセッションは活発に進んだ。

その後、参加者が並んで私との雑談や、記念写真を撮影する場が設けられた。これがほぼ２時間近く続き、行列を動かすためグループ写真まで撮影された。疲れてへとへとになったが、同時に非常に充実した時間だった。

もう１つ特別な機会が訪れた。著名なジャーナリストで本も出しているハロルド・ゴールドバーグが、特別な非営利組織を作っていた。ビデオゲームを媒体として若者に文章の書き方、批評的な考え、コミュニケーションのスキルなどを、ニューヨークの恵まれない地域で教える組織だ。私は２０１８年暮れのあるセッションで、彼の活動に加わった。ドリームヤード・プレパラトリー・アカデミーというパブリックハイスクールで行われた、アートがテーマの２０１８年のセッションだ。この学校は、私が育ったブロンクスの共同住宅から３マイルと離れていない。

学校を訪ねた際、私は集まった学生たちに1つのシンプルなメッセージを送った。つまり、私はみなさんと同じだったので、みなさんも私のようになれるということ。私は中流以下の環境で育った。目標達成に集中して取り組んだおかげで、成功への道に進むことができた。学問、スポーツ、仕事のキャリア形成といずれの道でも、闘志と決断力が私のこれまで歩んできた旅の重要な要素だった。

成功するために必要なのは、能力と機会であることも私は伝えた。学校や家庭、家族の生計を支えるためのアルバイトで、しっかり努力することで能力を得ることはできる。こうして得たスキルを使って、大切なことを成し遂げようと前に出た瞬間に機会は訪れる。学生は私の一言ひとことに聞き入っていたが、むしろ私のほうが彼ら自身の話を聞いてより心を動かされた。彼らは家庭や近隣の困難な状況にもかかわらず、成功を目指している。私はもっとこの活動に関わりたくなった。

ハロルドは私の退職のことを最初に打ち明けた1人だ。ゲーム産業のイベントやドリームヤード校への訪問などで私に同行し多くの取材を通して、私たちは親しくなった。「レジー」と彼はこう切り出した。「私の非営利組織にもっと関わりませんか。あなたはうちの活動を目にしてきた。それにあなたの話を聴くときの学生たちの表情は輝いていた。あなたなら若者たちにインスピレーションを与えられる」

思い返してみると、私にはコーネル大学に入るまで、両親以外に本当のメンターはいなかった。困難の克服の仕方や大きな夢を現実に変える深い視点などを、誰からも教わることはなかった。私が得られなかった恩恵を、ブロンクスやロウワーマンハッタンの若者に与えることは、私にとってまたとない任務だ。退職して最初に役員として参加したのは、ニューヨーク・ビデオゲーム批評家協会だった。

逆に私が「恩返し」を受けることがあった。Ｐ＆Ｇで私が採用した女性が、ブランドマネジメントの型を破って、キャリアを成功させてきた。先にも紹介したディナ・ハウエル、彼女がおもちゃ会社、スピン・マスターの創設者に私を紹介してくれたのだ。この会社を見ているとかつての任天堂を思い出す。非常にクリエイティブで画期的だが、優れた実行力を発揮する途中にある。会社はパウ・パトロールや爆丸《ばくがん》などの主なブランドを支え、フィルムエンターテインメントやデジタルゲーム界隈で、新たなブランドを築こうとしていた。現在の収益15億ドルを超えようという意欲は、完璧に私の能力と経験を発揮するのにふさわしいものだった。

退職してちょうど1年が経った頃に、私はスピン・マスターと後に紹介するゲームストップの取締役に加わった。折しもコロナのパンデミックによって、企業や学校の閉鎖が始まっていた頃だ。私は２０２０年3月にサウス・バイ・サウスウエスト（＊テキサス州オースティンで毎年開催される大規模イベント）で基調演説を行う予定だったが、あいにくイベントは中止された。取締役会はバーチャルへとシフトして開催の回数を劇的に増やし、経営陣はビジネスを前に進めて社員を守るために努力している。

私がここで伝えた視点は、ビジネスの困難に直面したときに得たものだが、このパンデミックはこれまでとまったく違っていた。だから私たちは日々の困難に対処しながら、全員で学んでいった。

私が電話やビデオ会議のたびに伝える重要なポイントは、ビジネスを運営し困難に対処する上で、自分の信念に忠実であれということだ。前線で働く人たちを守り、在宅勤務の人たちが効率的に仕事ができるようにすることを、何より優先したい。そのためにも、正しいことをしなければならない。ウイルスの拡散を抑えるルールが絶えず変わる状況だからこそ、ぶれずにこの信念を貫き通すことが大切なのだ。

おしまいに

キャリアにおいても本においても、難しいのは最後の締めくくりだろう。これまでの数々の経験をみんなが覚えやすく、かつ役に立つ形にまとめるには、どうしたらいいだろうか。その両方の目標を成し遂げたものをあなたに届けたいのだが、それは何だろうか。

そこで気づいたのは、２つのシンプルなメッセージだ。まずはキャリアを積む中で最も重要な人から学んでほしいということ。大切なのは、一緒に仕事をしながら学ぶことができ、そしてその人たちが会社を去ってからも学びを得られるということだ。

２つ目に、一度破壊者になったら、常にそうであれということ。私は任天堂にはもういないが、破壊する機会を常に探している。それは私の血をたぎらせ、自分にとっての価値を生むものであり、他の人にもそういうものであってほしい。

今の２つのポイントを物語る話を、最後にいくつか紹介しよう。

最高のものから学ぶ

本書を書くに当たって、私がキャリアの中で多くの重要な人間関係を築いてきたことについて触れた。本書でもこれまで語ってきたが、さらに説明を補足して、感謝するにふさわしい2人との関係を紹介したい。

1つ目は、岩田聡氏との関係だ。友人でありメンターである彼と行った、多くの重要なミーティングについてはこれまで述べた通りだが、本書ではもっぱらいくつかの衝突や意見の食い違いに焦点を当ててきた。読んでいる分には本来ドラマチックな瞬間だろうが、そういうことは日常茶飯事というより、むしろ珍しいことだった。

実際のところ、私たちは議論するよりも互いのアイディアを了解して、それを膨らませていくことのほうがずっと多かった。岩田氏は早くから自分のアイディアを打ち明けて、そこに私からのインプットと西洋の視点を加えてくれた。公のミーティングでは、彼は私の考えと意見を賞賛してくれたが、これは日本のビジネスマネジメントでは珍しいことだった。岩田氏は任天堂のヨーロッパ法人で開かれたミーティングに私を招待し、その業績と今後のプランについて私に意見を求めた。彼を支援し、ゲーム産業の一員となり、彼の在籍時に任天堂が世界中で達成した優れた業績の一端を担えたことは、私にとっての誇りだ。

2つ目は宮本茂氏との関係だ。これはもっと改まった関係だが、彼の天才的な創造力を垣間見る瞬間があった。

私が宮本氏と関わった時間の大部分は、京都で行われたグループ戦略セッションや製品のレビューミーティングだった。こうしたミーティングの間、彼は普通そこまで多く質問することはなかった。代わりにレザーのカバーを付けた小さな日誌にメモしたり、スケッチしたりしていた。私は任天堂に入ったばかりの頃のランチ休憩で彼と一緒に座り、日誌に何を書いているのか尋ねたことがある。

「レジーさん、アイディアを得るためです。新しいアイディアがないか、いつも考えているんですよ」

何年も経って、宮本氏が発売イベントでニューヨークにいた頃、再びこの様子を垣間見ることがあった。PRと広報を務め私の友人だった皆川氏も、彼と一緒だった。皆川氏のアメリカ滞在中はいつも、私たちは一緒にディナー後に酒を飲みに行った。彼はスコッチが大好きだから、私はキーンズ・ステーキハウスを予約する。街で最古のレストランの1つで、最高級のスコッチとワインの品ぞろえがある店だ。

ホテルのロビーで会う直前に、皆川氏が私に電話をかけてきた。「レジー、ミスター・ミヤモトが私たちに加わりたいそうだけど、いいですか」

「もちろんです。彼なら喜んで。ただミスター・ミヤモトは、アルコールを飲まないはずです。私たちが就寝前の一杯を楽しんでいる間、彼はどうするんでしょう」

「レジー、ミスター・ミヤモトは、ただあなたと少しくつろぎたいだけです。彼がコーヒー好きなのは、知っているでしょう。いれたてのコーヒーがあれば、彼は満足しますよ」

私たちは席に着いた。宮本氏はブラックコーヒー、皆川氏は30年物のスコッチ、私は素晴らしい赤のボルドーだ。皆川氏が会話の中心で、宮本氏のコメントを英語で私に通訳して、複雑な英語の言葉やコンセプトを、宮本氏（彼も英語は十分理解できる）に伝えた。

見ると、宮本氏がレストランの天井を絶えず見ていた。彼はチャーチワーデン・パイプ（細くて長い柄のパイプ）が並んでいることに気づいたのだ。

「レジーさん、あのパイプにはどんな物語があるんですか」

私は17世紀と18世紀の歴史について多少は知っていて、常連客が地元のパブや宿に、自分のパイプをしまっている話は聞いていた。このパイプは陶製だけに割れやすいため、ここキーンズに移して、安全に収納しているのだ。常連客は食事後にそのパイプに火を付ける。そこまでの理解は宮本氏も同じだが、それに飽き足らず「もっと詳しい話が知りたい」と彼は言った。

私は接客係を呼んで、喫煙パイプについてもっと説明してもらった。だが彼女の説明も私よりそこまで詳しくなかった。私たちはさらに従業員に来てもらった。まずヘッドウェイター、次にフロントマネージャー、最後にトップのシニアマネージャーが、宮本氏にパイプクラブについて詳しい説明をしてくれた。このクラブの会員には、元大統領のテディ・ルーズベルト、ベーブ・ルース、ダグラス・マッカーサー長官など錚々たるメンバーがいた。それからシニアマネージャーは、このレストランにパイプを預けている最近の著名人の名前を挙げた。

この間ずっと私は宮本氏の様子を窺っていた。彼はその話を聞いて、皆川氏がそれを通訳するのをずっとニコニコして聞いていた。彼は頭を傾けて天井のパイプを見つめた。宮本氏の頭の中でいろんな考えが渦巻いているのを、私は想像していた。もしあなたが任天堂のゲームの中で、チャーチワーデン・パイプが天井に並ぶ部屋を見たら、そのアイディアがここから湧いてきたのだと思い出してほしい。

私は彼と岩田氏とパートナーを組んで、ゲーム産業で最もクリエイティブで画期的な頭脳を持つ2人から学ぶことができて幸運だった。

時にははっきりノーと言う

任天堂を退職してからも、私は教訓を学び破壊の術を見出し続けた。ゲーム販売会社ゲームストップの取締役会で激動の1年を体験したものの、私は再選に立候補しないことを決めたのだが、そこに至るまでのいきさつを話したい。私がこの会社の取締役会に参加したのは、このフォーチュン５００の会社が再び足場を固め、復活する後押しのチャンスを見出したからだ。ところがウォールストリートはそうではないと考えていた。

大手ヘッジファンドがゲームストップの株を「空売り」（＊株価が下落すると予想してその下落分の利益を得ようと、証券会社から株を借りて売りに出すこと）し、株価が上がるどころか下がる状況を実質的に作っていた。２０２０年4月に取締役会に参加するその前に、私はゲームストップのＣＥＯや他の取締役と話をしたが、その際株価は5ドル未満だったため、PlayStationやＸｂｏｘの新作が発売される年末を待たずに会社は破産すると金融市場は見ていた。その年の春にコロナが始まり、いよいよ右肩下がりとなっていった。

その裏では取締役会の導きもあって、ゲームストップの経営陣はみな賢明な方向に動いていた。店が閉鎖したり営業時間を短縮したりなどする中で、会社は土地所有者と交渉して賃貸料を下げさせた。Ｅコマースに投資して、顧客が店頭でもウェブサイトでも、希望に応じて製品を購入できるようにした。そして経営陣はホリデーシーズンの目玉となる決定的な商品を獲得しようと、販売会社と交渉していた。

ゲームストップがパンデミックを乗り切り、負債の一部を返済すると、株価は２０２０年の秋には倍になった。

１人の投資家がさらに大きなチャンスを見出した。チューイというＥコマースのペット関連グッズの店を創業して成功させたライアン・コーエンだ。彼はゲームストップの持ち株を10パーセント近くまで集めた。しかもライアンは私が参加する前年に、ゲームストップの取締役会に参加してくれるよう、会社側からアプローチされている。ライアンは断ったが、会社が彼に興味を抱いたのは明らかだった。

ライアンは、２０２０年11月に取締役会に送った手紙を公表した。その内容は会社に多くの改革を要求するものだが、それらはすでに進行中だった。大株主となったライアンと公の場で激しく言い争うのを避け、会社側はライアンとチューイの元重役２人を取締役に任命、２０２１年１月に３人は取締役会に参加する。このとき発表されたプランは、取締役の候補者を絞った名簿を６月末に株主に公開するというものだ。私も当初その候補者名簿に名を連ねていた。

全面的に関わる前に、私は新たな取締役たちと一通り会って話すことを求めた。彼らとその素性、頭の中にあるプランを理解したかった。本音を言えば、彼らが求めているのは戦略に長けた洞察力と破壊的なアイディアを持つパートナーなのか、それともさほど考えもせず自分たちのアイディアにハンコを押すだけの人間なのか、それを知りたかったのだ。

取締役会の中で新たに「戦略プランと資本配分決定委員会」が結成され、話し合いが行われた。このグループは、会社のあらゆる可能な選択肢を深く戦略分析することに関わっていく。私も委員会への参加を求め、ゲームストップを変えるプランを任せてくれるよう訴えた。それも当然だろう。私には取締役会の中で、誰よりも業界について深い知識がある。ゲームストップが顧客にどんなサービスを提供すればいいか、アイディアがある。PlayStationや任天堂のようなゲームメーカーが出すような、ダウンロードするだけで得られるゲームソフトに負けない価値を私なら提供できる。私は販売会社としても顧客としても、ゲームストップと取引したことがあり、そのペインポイント（弱点）とチャンスを秘めた分野のどちらのこともわかる。

だが私の要求は却下された。この委員会を少人数で維持したいというのが、その理由だった。迅速に動きたいということも言っていた。それを聞いた私は、委員会は誰にも方向性を変えてほしくないのだと察した。

警鐘が鳴るのが聞こえた。チューイはペットスマートに買収されたとき、10億ドルの資産価値がある会社だった。対するゲームストップは50億ドルの会社で、すでにウェブサイトを通じて10億ドル近くの収益を出していた。2つの会社はカテゴリーがまったく違い……マーケットの力学もまったく違っていた。

しかも会社のガバナンスも違っていた。チューイはライアンが経営していたとき、非公開の会社だったから、彼は何でも自分の望み通りにできた。一方のゲームストップには責任を負うべき株主がいて、守るべきガバナンスのルールがある。

委員会の話を聞いてから程なくして、私はライアンに再選には立候補しないことを伝えた。他の元チューイ以外の、もっと言えば外部から来たメンバー全員が、取締役会を脱退することとなった。

要するに 50

信念を貫きながら、現状を揺り動かす

現状を打破するにも品格を失ってはいけない。あらゆる状況で、取締役会においてであれ、リーダーシップの地位であれ、難しいのは核となる信念を貫きながら、現状を揺り動かすことだ。それが両立できなければ、会社を辞めて新たな破壊の機会を探して生きるしかない。

ゲームは続く

私はアドバイザーかつ投資家として、ゲームビジネスに関わり続けている。業界に多くの友人とこれまでのビジネスで知り合った人たちがいるおかげで、私は開発の初期からアイディアを目にすることができる。今、私は画期的なアイディアで業界を壊そうと考える、若き経営者たちのメンターを務めている。

私は様々な新しいクリエイティブなプロジェクトに関われて幸運だった。最も胸が躍るプロジェクトは先のハロルド・ゴールドバーグと、ライアン・シルバートとのパートナーシップによる、ビデオゲーム業界のドキュメンタリーだ。ハロルドはニューヨーク・ビデオゲーム批評家協会の創設者であり、一方のライアンはアカデミー賞を受賞したプロデューサーで、私と同じコーネル大学の卒業生だ。コンテンツを作るまでの道のりは長くて紆余曲折があるため、申し訳ないがコンセプトや上映時期について、これ以上は話すことはできない。だが私は、映画とポッドキャストの構想に取り組めることに胸を躍らせている。このプロジェクトは次世代にインスピレーションと力を与えるという、私のミッションの後押しとなってくれるだろう。

取締役会の仕事とクリエイティブなプロジェクトのおかげで、私は破壊の価値をどう高めるかを、たっぷり時間をかけて考えることができた。私たちの世界は絶えず変化しており、ビジネス、気候、政治、社会正義いずれのプリズムを通して見ても状況は変わってきている。ところがそこに提示される解決策は変わらず以前と同じままで、しかも古くてボロボロのプレイブックに頼るあまり機能していない。

古いアプローチに頼ることによって逆に状況を悪くしているだけでなく、人々はリスクを背負うことを恐れているから余計に始末が悪い。プッシュしまくる攻めの姿勢や、まったく別の道を進む提案に腰が引けてしまっている。自分たちのこれまでを「帳消し」にされたくないのだ。

私たちが生きて活動する現代は、巨大で複雑な問題に直面している。従来の考えに固執したり、方向転換を恐れたりしていては、解決策は生まれない。ルールでがんじがらめのゲームを叩き壊すしかない。現状を打破することで、革新的な考えがもたらされ、より効果的な問題解決につながる。

あなたも自分の進む道の中で適切なトピックを見つけて、新たな考えとアプローチに積極的に取り組んでほしい。変化を促し、ルールに搦めとられたゲームを叩き壊してほしい。それが、私の切なる願いだ。

謝辞

私は人生の旅を通じて多くのコーチ、メンター、スポンサーに出会えて幸運だった。私にとって最初のコーチは両親だった。２人は正しいことと間違っていること、信念を持つことの大切さを教えてくれた。残念ながら父は本書を書き始めた頃に他界したが、母は私と一緒に古い写真を見て喜び、私が家族の物語を語る際に細かい描写の確認を喜んで手伝ってくれた。そして、私について初めて知った物語の何もかもに驚いていた。

学生時代、私は特に親しい友人たちと絆の強いグループを組めて幸いだった。ここ数年で、当時の親友４人と再会することができ、私たちはブレントウッド・ファイブと自分たちを名付けた。それぞれが優れたキャリアを歩んで家族生活を営んでいるが、互いの顔を見ながら、昔の思い出を振り返りつつも、新たな再会に胸を躍らせるのだった。この原稿を仕上げるまで、私が穏やかに作業を進めることができたのも彼らのおかげだ。

ブレントウッドの友人、コーネル大学の友人と同様に、ファイ・シグマ・カッパ（＊北米で約74の支部を持つ男性による社会的、学術的友愛団体、別名ＰＳＫ）のガンマ・チャプター

（＊ＰＳＫの支部の１つ）にいる仲間、キャリアにおけるそれぞれの節目で出会った同僚も私の成長を後押ししてくれた。これは特に任天堂時代の友人やビジネスパートナーのみんなに言えることだ。数が多すぎて１人ひとりを挙げることはできないが、ここでみんなの友情と支援に感謝を申し上げたい。

本書を通じて、私は人生の旅の道中で助けてくれた主なメンターに思いを馳せた。コーネル大学のアプリン教授とアンダーソン教授、Ｐ＆Ｇのボブ・ギル、ギネスとダービー・サイクルのゲイリー・マシューズ、ＶＨ１のジョン・サイクス、任天堂の岩田聡氏。いずれの方々も私がビジネスエグゼクティブ、そして１人の人間として成長する上で貴重な人たちだった。

ＰＲ会社ゴリンの名誉会長で、ＮＯＡのＰＲエージェンシーのフレッド・クックが、私の退職後ほどなくして私と妻のステイシーの元を訪ねてこなかったら、本書が生まれることはなかっただろう。ディナーを共にしながら、彼の著書『Improvise』について語り合っていると、彼は私にも本を書いてはどうかと勧めた。そして出版業界のエキスパートで、ジャンルを超えて様々なベストセラーに関わってきたブルース・ウェクスラーを紹介してくれたのだ。ブルースはあらゆる提案、章、原稿に編集段階で目を通し、折に触れて本書をよりよいものにしてくれた。

サラ・ケンドリック、ロン・ホイジンガ、シシリー・アクストンとハーパー・コリンズ・リーダーシップの全チームは、この新米作家の、パンデミックとサプライチェーンの危機のときに本を出そうという無謀なチャレンジを手伝ってくれた。あらゆる困難にもめげずに、素晴らしい体験にしてくれたことに感謝したい。

ハワード・ユン、バーバラ・ヘンドリックス、ニナ・ノッチョリーノは、私が絶えずぶつける質問や、別のアプローチを探求したいという提案を受け止めながら、プロジェクトを前に進めてくれた。

特に感謝したいのは、私にとっての最高の校正係だった2人だ。妻のステイシーは原稿の各段階に目を通し、アイディアや編集を共有してくれた。彼女の姉妹のアミ・ルースは寛大に時間を割いて、正しい本になるように文法をチェックしてくれた。『シカゴ・マニュアル・オブ・スタイル』の通りになっていない箇所があるとすれば、私の責任だ。

本書で名前を紹介した他にも、以下の人たちに特別に感謝申し上げたい。ジェニファー・アーチャー、アリソン・ホルト・ブラメルカンプ、ジミー・ファロン、リック・フラム、キャリー・ベルイストローム-ホールズ、ケン・カルウェル、ジョージ・ハリスン、ジミ・ヘンダーソン、ブランドン・ヒル、スティーブン・ジョーンズ、デイヴ・キャス、ジェフ・キースリー、マーク・ケラー、リック・レスリー、ドム・マイオーロ、チップ・マーテラ、P・J・マクネリ、アンナ・ネロ、ブルース・レインズ、アルジュン・セン、ケヴィン・シェリー、ライアン・シルバート、スティーブ・シンガー、ジャコーリー・ストーリー、レスリー・スワン、リアン・ラミレス‐スワイアーク、アンドリュー・スウィナンド、エイリーン・タナー、ロブ・トンプソン、クリスティー・トムキンス、リサ・ズロトニック。

最後に読者のみなさん、そしてイベントやオンラインで私とつながり続けるみなさんに感謝申し上げたい。みなさんが自身の旅の中で現状を打破する上で、私の物語と洞察力が役立つことを実感してくれたらと切に願っている。

【著者紹介】
レジー・フィサメィ（Reggie Fils-Aimé）
任天堂の最大子会社、アメリカ任天堂（Nintendo of America : NOA）の元社長兼COO（最高執行責任者）。ハイチ移民の子として生まれ、幼少期はブロンクスで育つ。奨学金でコーネル大学に進学し、P&Gのマーケターとしてキャリアをスタートさせる。その後、ペプシコ、VH1などを渡り歩き、2003年、アメリカ任天堂に入社。2006年、社長兼COOに就任。2016年、任天堂本社の執行役員に任命される。アメリカ、カナダ、ラテンアメリカにおける任天堂の活動すべてに関わった。ニンテンドーDS、Wii、ニンテンドー3DS、Wii U、Nintendo Switchを世界の市場に送り出した。2019年に任天堂を退社し、現在は、次世代のビジネスリーダーの育成に精力を注いでいる。

【訳者紹介】
大田黒奉之（おおたぐろ　ともゆき）
京都大学法学部卒業。洋楽好きが高じ、主にミュージシャンの伝記の翻訳を手掛けるようになる。主な訳書に『SHOE DOG（シュードッグ）』『The Third Door（サードドア）』『創造思考』（以上、東洋経済新報社）、『わが人生。名優マイケル・ケインによる最上の人生指南書』（集英社）、『ロック・コネクション』『ジョージ・ハリスン　コンプリート・ワークス』『デヴィッド・ボウイ　コンプリート・ワークス』『ザ・クラッシュ　コンプリート・ワークス』『イーグルス　コンプリート・ワークス』（以上、ティー・オーエンタテインメント）、『ミック・ジャガーの成功哲学』（スペースシャワーネットワーク）等。

崖っぷちだったアメリカ任天堂を復活させた男

2024 年 6 月 4 日　第 1 刷発行
2024 年 7 月 2 日　第 2 刷発行

著　者――レジー・フィサメィ
訳　者――大田黒奉之
発行者――田北浩章
発行所――東洋経済新報社
〒103-8345　東京都中央区日本橋本石町 1-2-1
電話＝東洋経済コールセンター　03(6386)1040
https://toyokeizai.net/

装　丁………橋爪朋世
D T P………アイランドコレクション
印　刷………港北メディアサービス
製　本………積信堂
編集担当……若林千秋

Printed in Japan　　ISBN 978-4-492-50355-3